그린스완의 시대

Green Swan
그린스완의 시대

기후위기와 정치, 경제, 삶의 전환을 말하다

지용승 지음

좋은땅

그린스완(Green Swan)이란?

    녹색 백조, '그린스완(Green Swan)'은 Green에서 추측할 수 있듯이, 환경과 관련된 기후변화로 인해 발생할 수 있는 예측 불가능하고 파괴적인 경제, 금융 위기를 비유하는 개념이다. 국제결제은행(BIS)과 프랑스 중앙은행이 2020년 발표한 보고서에서 처음 사용되었으며, 이는 기존의 '블랙스완(Black Swan)' 개념을 확장한 것이다. 블랙스완이 드물고 예측하기 어려운 사건을 의미했다면, 그린스완은 기후위기의 복합적이고 구조적인 특성으로 인해 발생할 가능성이 높고, 그 피해 규모가 광범위하며 전 세계 경제·사회 시스템에 심대한 영향을 미칠 수 있다는 점에서 더욱 중대한 경고로 간주된다.

차례

제1부 정치는 기후를 못 따라간다
: 기후가 만든 외교의 틈, 법정의 심판, 권력의 시험대

제2부 탄소의 가격, 기후의 비용
: 산업, 농업, 수출이 흔들린다

제3부 **기후는 자연만 바꾸지 않는다**
: 명절, 밥상, 올림픽, 히말라야⋯익숙했던 모든 것이 달라진다

글로벌 기후대응 연대표

연도	주요 사건/현상	내용 요약
1988	IPCC 설립	유엔과 WMO 공동으로 기후변화에 관한 정부 간 협의체(IPCC) 설립. 과학적 근거 마련 목적
1992	리우 지구정상회의	기후변화협약(UNFCCC) 채택. 지구온난화에 대한 최초의 국제적 합의
1997	교토의정서 채택	선진국 중심의 온실가스 감축 목표 설정. 법적 구속력 부여(2005년 발효)
2007	IPCC-알 고어 노벨평화상 수상	기후변화 경고의 국제적 영향력 인정. '불편한 진실' 세계적 반향
2015	파리기후협정 채택	전 세계 195개국이 참여, 산업화 이전 대비 지구 평균 기온 상승 폭을 2℃ 이하(가능하면 1.5도 이하)로 제한
2018	IPCC 1.5도 특별보고서	2030년까지 온실가스 절반 감축 요구. 1.5도 초과 시 회복 불가능한 피해 예고
2019	그레타 툰베리의 UN 연설/ 글로벌 청소년 기후 파업	'어떻게 그럴 수 있나요(How dare you)' 연설로 기후 정의 운동 확산
2020	그린스완 보고서 발표 (BIS)	기후위기가 글로벌 금융 시스템에 심각한 리스크라는 경고. '그린스완' 개념 등장
2021	COP26(글래스고)	석탄감축 합의, 메탄감축 선언, 금융기관 탈탄소 투자 약속 등 부분적 성과
2022	기후 재난 심화	파키스탄 대홍수, 유럽 폭염, 한국 집중호우 등 '기후 재난의 일상화' 본격화
2023	지구 평균 기온 사상 최고치	7월, 산업화 이후 가장 더운 달 기록. WMO "1.5도 임계점 66% 확률" 경고
2024	기후소송 본격화	전 세계 청소년·시민단체, 정부 상대로 기후소송 제기 증가. 법적 대응 확산
2025 (예정)	미국 청정경쟁법(CCA), EU CBAM 시행 본격화	탄소국경세 도입 본격화. 고탄소 제품에 수출 관세. 한국 등 제조업 국가 타격 예상

2025	COP29 (아제르바이잔)	손실과 피해(Loss&Damage) 기금 논의 핵심. 기후 재정 분담, 선진국 책임 문제 쟁점
2026~ 2030	탄소중립 전환 갈림길	RE100, ESG, 기후금융 등 민간·국가 중심의 대응 전략 성패 결정 구간

※ 1992년, 세계는 처음으로 기후변화를 지구적 문제로 규정했다.

국내 기후 정책 및 사건 중심 연대표

연도	사건 및 정책	설명
1992	리우 환경회의 이후 UNFCCC 가입	한국의 기후 외교 출발점
2009	녹색성장 기본법 제정	한국형 그린뉴딜 원형 등장
2015	파리협정 서명	탄소 감축 국제 약속 참여
2018	IPCC 총회 인천 개최	1.5도 특별보고서로 세계 주목
2021	2050 탄소중립 선언	정부 공식 탄소중립 목표화
2022	기후대응기금 설치	예산 기반 기후 정책 시작
2023	'기후위기 대응을 위한 탄소중립·녹색성장 기본법' 시행	법적 근거 명문화
2024	고랭지 배추 생산 급감 → 김치파동	농업·식량 위기 현실화
2024	헌법재판소 '기후소송' 헌법불합치 판결	국가 기후책임에 대한 헌법적 경고
2030	국토 50% 이상 탄소중립도시 지정 (예상)	탄소중립도시 시범사업 확대
2040	화석연료차 생산 중단 (정부 정책화 예상)	내연기관차 시장의 대전환
2050	한국 탄소중립 실현 여부의 기준점	국가 녹색 전환 최종 평가 시점

그린스완의 시대

국내 산업 · 산업 경제 중심: 기후가 바꾼 산업 판도

구분	과거	현재(2025년 기준)	예측(2030~2050)
제조업	저비용 · 대량 생산 중심	CBAM, 탄소국경세 영향	RE100 미준수시 수출 제한
농업	계절 중심 재배	기후위기 농작물 피해 확산	스마트팜 · 기후내성 작물 전환
에너지	석탄 · 가스 중심	재생에너지 비중 확대	분산형 전력망 중심 구조 전환
보험	전통적 손해 보험 중심	기후재해 보험상품 다양화	'기후리스크' 기반 리스크 시장 탄생
금융	수익률 중심	기후금융 (녹색채권, ESG펀드) 주도	ESG 미반영 기업 투자 제외
물류 · 교통	물리적 거리 중심	탄소배출 규제와 친환경 전환	탄소무배출 물류 체계 확립

ESG 제도 연대표: 공시 및 기업 전략

연도	ESG 변화	설명 및 의미
2021	K-ESG 가이드라인 발표	정부 ESG경영 체계화 시작
2023	ISSB 발족, IFRS 기반 통합공시체계 적용	글로벌 기준 부합 요구 증대
2024	한국 ESG 공시 의무화 논의 본격화	상장사 대상 공시 의무 확대 예상
2025	CBAM 본격 시행, 유럽 수출 기업 직격탄	공급망 ESG 관리 중요성 부각
2027	ESG평가기관 통합 감독기준 마련 예상	평가 기준 신뢰성 확보 노력

2030	중소기업 ESG 인증제 도입 예상	지역기반 ESG 생태계 조성 가능
2040	ESG 미준수 기업 투자배제 본격화	사회적 책임과 생존 연계 심화
2050	ESG 통합지수 기반 연금·공적기금 운영	ESG가 자본 흐름의 중심으로 전환

미래 예측 시나리오(2030-2050)

시나리오	기후 정책 방향	산업 변화	시민 삶
정책 대전환 & ESG 확산형	국제기후동맹 강화 탄소세 확대 시민참여 확대	RE100 정착 녹색기술 수출강국	에너지 자립 기후리터러시 강화
지체된 대응 & 불평등 심화형	기후 정책 혼란 국제합의 이탈	고탄소 기업 생존 수출 감소	식량·물가 불안 빈부격차 심화
기술 낙관 & 사회 무관심형	기후대응 기술 집중 시민참여 낮음	CCS·기술기반 감축 에너지 재편	시민의식 저조 편의 의존 증가
파국적 기후위기 도래형	국제협력 붕괴 기후 난민 대량 발생	재난 대응 중심 산업 재편	기후격차 확대 사회 불안

프롤로그

기후가 바꾸는 세계,
지금 우리는 어디에 서 있는가?

"올여름은 유난히 덥네요"라는 말이 매년 되풀이되고 있습니다.

하지만 그 말 뒤에는 '지금이 아마 가장 시원한 여름일지도 모른다'는 과학의 경고가 자리합니다. 2023년부터 2025년까지, 저는 TBS 교통방송을 통해 "기후가 바꾸는 세계"라는 큰 주제로 매주 라디오 인터뷰 시리즈를 진행해 왔습니다. 정치, 경제, 문화, 환경·생태계, 시민의 실천까지… 다양한 분야에서 기후위기가 어떻게 작동하는지를 이야기해 왔고, 많은 청취자들과의 공감 속에서 "우리는 지금 어디쯤 와 있는가"라는 질문을 공유했습니다.

그 질문은 2025년 초에 펴낸 책, 「뜨거워진 지구, ESG로 식혀라」의 연장선에서 이어졌습니다. ESG(환경·사회·지배구조)라는 키워드로 기후 대응의 원칙과 방향을 제시했다면, 이번 책 「그린스완(Green Swan)의 시대: 기후위기와 정치, 경제, 삶의 전환을 말하다」는 그보다 한 걸음 더 나아가 기후위기의 현실이 구체적으로 우리의 삶을 어떻게 바꾸고 있는지, 그리고 이 거대한 전환 속에서 우리는 어떤 선택을 해야 하는지를 짚어 봅니다.

폭염으로 무너지는 농업 생산성, 침수로 마비되는 도시 인프라, 치솟는 보험료와 물가, UN 총회보다 더 주목받는 기후정상회의까지… 기후는 더 이상 환경만의 문제가 아닙니다. 지금 이 순간에도 각국의 지도자들은 탄소를 둘러싼 외교전을 펼치고 있고, 글로벌 기업은 ESG 경영으로 생존을 도모하며, 시민들은 '1.5도 목표'를 지키기 위한 작지만 실천적인 행동을 이어 가고 있습니다.

그러나 여전히 어떤 이들은 묻습니다.

"정말, 그렇게까지 심각한가요?"

이 책은 그 질문에 대해 정치와 경제, 법과 외교, 환경·생태와 문화, 그리고 시민의 실천까지 아우르는 가장 현실적인 대답을 제시합니다. 크리스마스 풍경에서 김치값까지, 노벨문학상 수상자의 생태적 목소리부터 대선 후보의 기후공약, 뉴욕 타임스퀘어를 점령한 바다사자, 히말라야의 녹은 빙하까지… "기후는 이제 세상의 질서를 재구성하는 실질적인 힘"이 되었습니다.

이 책은 이러한 전 지구적 전환을 네 가지 축으로 정리합니다.

1부, 정치와 법, 외교가 따라가지 못하는 기후의 속도

2부, 산업과 경제구조를 재편하는 탄소의 가격과 기후의 비용

3부, 문화와 생태계를 흔드는 기후의 변화

4부, 그리고 기후위기 앞에 시민이 할 수 있는 실천의 언어

우리는 지금 가장 중요한 전환의 갈림길 앞에 서 있습니다. 이 책은 단지 기후의 피해를 알리는 책이 아니라, 그 변화에 어떻게 대응할 것인가에 대한 지도이자 나침반입니다.

기후는 단순한 자연현상이 아닙니다. 기후는 정치이고, 경제이며, 문화이고, 우리의 삶입니다.

「그린스완의 시대: 기후위기와 정치, 경제, 삶의 전환을 말하다」는 그 모든 것을 이해하고, 바꾸기 위한 첫걸음이 되기를 바랍니다.

여러분의 '기후 나침반'이 되어 줄, 첫 장을 함께 펼쳐 보시기 바랍니다.

2025년 6월

혜등 지용승

제1부

정치는 기후를 못 따라간다

: 기후가 만든 외교의 틈, 법정의 심판, 권력의 시험대

1.
왜 COP인가?
기후의 판을 짜는 세계 정치의 전장

30년 넘게 이어진 국제 기후 협상의 무대, COP, 하지만 '회의만 많은 회의'라는 비판도 끊이지 않습니다. 그럼에도 세계는 왜 COP에 모일까요?

1) 요즘 기후변화로 인해 농업이 큰 타격을 받고 있죠. 정부는 수입으로 가격을 조절하고 있지만, 식량위기 우려도 커지고 있는 상황인데요. 오늘은 어떤 이야기 들려주시나요?

네, 맞습니다. 배추를 비롯한 주요 농산물 가격이 좀처럼 안정되지 않고 있는데요. 이처럼 기후변화가 우리의 밥상과 지갑을 뒤흔드는 지금, 매년 11월에는 이 문제를 국제사회가 함께 풀어 가기 위한 아주 중요한 회의가 열립니다. 2024년 11월 11일부터 22일까지 제29차 유엔기후변화당사국총회, COP29입니다. 카스피해 연안에 있는 아제르바이잔의 수도 바쿠(Baku)에서 열리는데요. 오늘은 COP가 무엇인지, 그리고 왜 중요한지를 함께 이야기 나눠 보겠습니다.

2) 'COP'라는 이름이 조금 낯설게 들리는데요. 정확히 어떤 회의인가요?

그린스완의 시대

'COP'는 Conference of the Parties의 약자로, 우리말로는 '당사국 총회' 라고 합니다. 유엔이 주관해서 매년 열리는 국제 회의로, 전 세계 기후변 화 협약에 참여한 나라들이 한 자리에 모여 기후 위기를 어떻게 해결할지 머리를 맞대는 자리죠. UN기후변화협약(UNFCCC)의 가장 중요한 의사 결정 기구라고 보시면 됩니다.

3) 그렇다면 이 회의의 역사는 어떻게 되나요?

처음 COP 회의는 1995년에 독일 베를린에서 열렸고요. 우리가 많이 들 어 본 교토의정서가 COP3, 그리고 2015년 파리기후변화협정이 COP21에 서 탄생했습니다. 이처럼 중요한 국제 환경협약들이 이 회의에서 결정된 거죠.

3) 생소한 국제 협약인 것 같습니다. 좀 더 자세하게 COP 역사부터 설명 부탁드립니다.

1995년 처음 COP1이 독일 베를린에서 개최되었고요. 우리가 자주 접 한 기후변화에 관한 유엔 기본 협약 또는 국제환경 조약인 교토의정서가 1997년 COP3(당사국 총회)에서 채택되었습니다. 발효는 2005년에 이루 어졌고요. 정식 명칭은 "기후변화에 관한 국제연합 규약의 교토의정서" 입니다. 총 6가지 온실가스를 감축하기로 한 것인데요. 이 협약을 비준한 국가가 온실가스를 약속한 만큼 감축하지 못할 경우, 해당 국가에 대해서 관세장벽이 용인됩니다. 그리고 법적 구속력이 있는 2015년 COP21 파리

기후변화협정에 가입한 경우에 기후변화 COP에 참석하는 겁니다. 각국 정상들, 장관, 실무자들이 COP에 모여서 기후변화와 그 영향을 공동으로 해결하기 위한 계획을 협상하고 확정하는 겁니다.

4) 교토의정서와 파리협약, 두 협약은 어떤 차이가 있나요?

좋은 질문입니다. 교토의정서는 상향식이 아니라 하향식, 그러니까 교토의정서의 경우는 선진국에만 감축 의무를 부여해서 목표치를 차별적으로 부여했다는 것입니다. 주요 선진국만을 대상으로 한다는 점에서 한계가 있었고요. 온실가스 배출량 1위인 중국과 3위인 인도는 개발도상국으로 분류되어서 감축 의무가 부과되지 않았었죠. 중국, 인도 같은 온실가스 다배출 국가들이 감축 의무에서 빠져 있었던 겁니다.

반면 파리기후협약이 교토의정서와 다른 점은 온실가스 감축분을 의무로 정해 두는 것이 아니라, 각국이 자발적으로 감축 방안을 설정한다는 것이고요. 각 나라가 자발적으로 결정한 기후변화 대응 목표를 NDC(국가결정 기여)라고 하는데요. 여기에 따른 결과를 5년에 한 번씩 제출할 의무가 있습니다.

5) 파리기후협약의 핵심 목표는 무엇인가요?

핵심은 지구 평균 온도 상승을 산업화 이전보다 2도 이하, 가능하면 1.5도 이내로 막자는 겁니다. 이를 위해 각국은 자발적으로 온실가스 감축 목표를 설정하고, 5년마다 이행 결과를 보고해야 하죠. 이 협약은 처음으로 온도 목표를 법적으로 명문화한 역사적인 문서입니다. 기후변화 대응에 있어서 역사적으로 큰 의미가 있습니다. 이외에도 단순한 감축을 넘어서 적용, 재원, 기술, 역량 배양, 투명성 등과 같은 분야도 다루고 있습니다. 이러한 목표 달성을 위해서 선진국과 개발도상국이 모두 책임을 분담하고, 전 세계가 기후 재앙을 막는 것에 동참하는 협약입니다.

6) 그렇다면 곧 열릴 COP29, 어떤 의제가 가장 주목받고 있나요?

이번 회의에서 가장 큰 쟁점은 기후금융입니다. 특히 개발도상국이 저탄소 전환을 하고, 기후 재난에 대응할 수 있도록 자금을 어떻게 마련하고 지원할 것인지가 관건이죠. 선진국과 개도국 간 입장차가 커서 합의가 쉽지는 않아 보이지만, 중요한 논의가 될 겁니다. 국가 간 기금의 규모와 형태, 중국과 산유국의 협력, 기금 조달 우선순위 등에 대해서 입장 차이를 좁히지 못했었습니다.

출처: COP29 아제르바이잔

7) 개발도상국을 돕기 위해선 구체적으로 얼마나 많은 돈이 필요할까요?

블룸버그 보도에 따르면 저소득 나라들과 기후위기에 취약한 나라들을 포함해서 개발도상국들에게 기상이변에 대비하고 녹색 산업으로의 전환을 가속화하기 위해서는 최소 조 단위의 기후금융 자금이 필요하다는 주장입니다. 그리고 글로벌 컨설팅 회사인 맥킨지 & 컴퍼니가 2023년 12월 발표한 '개발도상국의 기후금융 방정식' 보고서에 따르면, 중국을 제외한 개발도상국들이 파리기후협정에 따라 '지구 평균 기온 상승 1.5도' 제한을 지키면서 탈탄소화와 녹색성장을 이루려면 2030년까지 연간 2조 달러(약 2760조 원)의 추가적인 자금이 필요하다고 밝힌 바 있습니다. 하지만 2019년 기준으로 개발도상국들에게 이 규모의 20% 수준에 불과한 4500억 달러(약 621조 원)만이 투입됐습니다. 현실과 목표의 간극이 크죠.

8) 이런 현실이라면 COP29 회의가 얼마나 성과를 낼 수 있을지 의문도 드네요.

맞습니다. 블룸버그에서도 이번 당사국 총회의 결과를 크게 기대하지 않고 있다고 밝혔고요. 게다가 러시아-우크라이나, 이스라엘-하마스 전쟁 등 세계 정세가 불안한 데다, 미국 대선 직후 열리기 때문에 국제적 리더십이 부재한 회의가 될 수 있다는 우려도 있어요. 트럼프 전 대통령이 다시 당선된다면, 미국은 또 파리협약을 탈퇴할 가능성도 있으니까요. 또한 글로벌 최대 온실가스 배출 국가인 중국이 최근 미국과 EU 국가에서 전기차와 태양광 패널 등과 같은 친환경 기술에 대한 관세 부과와 불공정 보

그린스완의 시대

조금 조사 등과 같은 무역규제를 받고 있는 상황에서 과연 얼마나 협력의 의지를 보일지 불확실하다는 것입니다.

9) 그런데 COP29 개최국인 아제르바이잔은 석유 부국이잖아요. 이 나라에서 열리는 게 아이러니하게 느껴지기도 하는데요?

네, 아제르바이잔은 석유 산업의 발상지로도 불립니다. 수천 년 전부터 석유를 사용해 온 현대 석유 산업의 발상지로 알려졌는데요. 이러한 역사적 반향 속에서 COP 29를 개최하게 되었습니다. 지난해 COP28도 UAE 두바이에서 열렸죠. 화석연료 생산국에서 열리는 연속 회의라는 점에서 비판도 있지만, 반대로 이들 국가가 기후 전환에 책임 있는 주체로 나서야 한다는 의미도 있습니다.

한편으로는 화석 연료의 단계적 폐지에서 협상을 지연시키고, 시선을 다른 곳으로 돌리려는 의지의 개최지로 생각될 수도 있습니다. 왜냐하면 실제로 아제르바이잔 정부가 화석연료 확대를 공공연하게 밝히고 있기 때문입니다.

10) 그럼 우리나라도 COP 회의를 유치할 가능성이 있을까요?

네, 2028년 COP33은 아시아·태평양 지역에서 개최됩니다. 현재 전남 여수, 부산, 경기 고양 등이 유치 경쟁 중인데요. 저는 전북 새만금이나 전주도 매우 좋은 후보라고 생각합니다. 동아시아를 잇는 환황해권 중심지로서, 기후위기 대응과 녹색 전환의 상징적 장소가 될 수 있기 때문입니다. 앞으로 지역 차원의 준비와 논의도 본격화되길 기대합니다.

2.

'기후 재정'만 남기고 끝난 COP29, 트럼프의 그림자

글로벌 협약은 흐릿했고, 재정만 남았습니다. COP29는 우리에게 무엇을 남겼을까요?
기후는 정치의 그늘 아래서도 멈추지 않습니다.

1) 교수님, 트럼프가 다시 미국 대통령으로 당선되면서 기후변화 대응에 빨간불이 켜졌다는 이야기가 많습니다. 그 영향이 벌써부터 보이죠?

네, 그렇습니다. 트럼프는 에너지 장관으로 석유 기업 CEO인 크리스 라이트를 지명하며 친환경 정책 폐기를 공식화했습니다. 화석연료 중심 정책이 본격화되면서 미국 내 친환경 산업 투자도 타격을 받고 있고요. 실제로 S&P 글로벌 청정에너지 지수는 대선 결과 이후 10% 넘게 급락했습니다.

2) 그런데 이런 상황 속에서 UN 기후변화협약 당사국 총회(COP29)가 마무리됐다고요?

맞습니다. COP29는 아제르바이잔 수도 바쿠에서 열린 국제회의인데요, 당초 22일 폐막 예정이었지만 이틀을 넘겨 24일에야 막을 내렸습니다. 미국의 기후 협약 재탈퇴 가능성이라는 큰 그림자 속에서 회의는 예정보다 늦게 마무리됐지만, '기후 재정'이라는 핵심 의제에 대한 합의는 끌어냈습니다.

3) 그 '기후 재정' 합의 내용, 구체적으로 어떤 건가요?

선진국들이 2025년 이후 개발도상국에 제공할 기후 재정을 대폭 확대하는 데 합의했습니다. 연간 3천억 달러(한화 약 422조 원)를 공공자금으로 마련하고, 전체적으로는 2035년까지 1조 300억 달러(약 1827조 원) 규모의 기후투자 확대가 목표입니다.

4) 금액만 보면 꽤 늘어난 것 같은데, 긍정적인 평가를 받을 만한 성과인가요?

표면적으로는 기존 연간 1천억 달러 목표의 3배로 확대된 것이 맞습니다. 하지만 당초 초안보다 500억 달러 늘어난 수준일 뿐이고, 개발도상국들이 요구한 수준에는 미치지 못합니다. 게다가 지원 방식이 보조금과 대출이 섞여 있어서 개도국들은 '빚만 떠안을 수도 있다'며 우려를 나타냈습니다.

5) 실제로 어떤 국가들이 반발했나요?

나이지리아와 볼리비아 대표단은 "불공정한 시스템을 고착시키는 결과"라고 강하게 반발했습니다. 인도 대표는 아예 "이 합의는 무대 조작이 자, 겉만 번지르르한 시각적 환상"이라고 비판하며, 합의 자체에 반대 의 사를 표명했습니다.

6) 그럼 이렇게 조성된 기후 재정은 누구를 위한 자금인가요?

기후변화에 극도로 취약한 개도국, 특히 온실가스 배출량은 적지만 피 해는 심각한 나라들을 위한 자금입니다. 기후변화로 인한 홍수, 가뭄, 폭 염 등의 자연재해에 대비하거나, 청정에너지로 전환하기 위한 인프라 구 축에 쓰이게 됩니다.

COP29 기후재정 최종 합의문 개요

2035년까지 연간 1조 3000억 달러 재원 조성 목표

미국·일본·유럽연합(EU) 등 20여개 선진국 —연간 최소 3000억 달러 지원 의무화

중국·사우디아라비아 등 신흥 부국 —분담금 자발적 기여 권장 등 제한적 합의

출처: 서울경제(2024-11-24), https://www.sedaily.com/NewsView/2DGYX9IX8W

7) 그 재정 마련은 누가 책임지나요? 우리나라도 해당되나요?

공식적인 분담 대상국은 미국, 캐나다, EU 국가 등 약 20개국입니다. 우리나라는 현재 분담 의무가 없지만, 산업화와 탄소배출로 성장한 국가라는 점에서 '책임 있는 행동'을 요구받고 있는 상황입니다. 국제사회에서는 한국의 기여 확대를 촉구하는 목소리가 커지고 있습니다.

8) 미국이 트럼프 행정부 아래에서 파리기후협약 탈퇴까지 다시 추진한다면, 글로벌 기후 리더십은 어떻게 될까요?

당장은 중국이 기후 리더십 공백을 메울 가능성이 높습니다. 중국은 세계 최대 온실가스 배출국이지만, UN에서는 아직 개발도상국으로 분류돼 공식적 의무는 없습니다. 하지만 자발적으로 개도국 지원을 약속하며 리더십 확대의 발판을 다지고 있습니다.

9) 우리나라는 어떤 상황인가요? COP29에서 특별히 지목된 부분이 있다던데요.

불명예스럽게도 한국은 올해도 '기후 악당' 국가로 지목됐습니다. 세계 150개국 2000여 개 기후환경단체 연합인 '기후행동네트워크'가 수여하는 '화석상'을 작년에 이어 2년 연속 수상한 것입니다. 또한 '기후변화 대응지수(CCPI)'에서도 한국은 최하위권에 머물렀고요. 러시아, 사우디아라비아, 이란 등 산유국들과 같은 수준이라는 점은 충격적이죠.

10) 마무리 말씀 부탁드립니다.

트럼프의 귀환은 국제 기후 협력의 불확실성을 키우고 있습니다. 하지만 지구온난화의 속도는 기다려 주지 않죠. 우리나라도 더 이상 '면제국'이 아닙니다. 지금이야말로 산업, 에너지, 교통, 농업 등 모든 분야에서 탄소 감축을 본격적으로 추진할 때입니다. 국제적 압력에 떠밀리기 전에, 스스로 준비하고 나아가는 기후 리더 국가가 되어야겠습니다.

3.
기후 쇼(show)?
진심 없는 UN 총회의 무대 뒤

'의미 있는 말'은 넘쳐났지만, '의미 있는 행동'은 없었습니다. UN의 쇼윈도는 이제 바꿔야 하지 않을까요?

1) 요즘 G20 정상회의, 뉴욕기후주간, COP29까지 기후를 둘러싼 글로벌 회의가 한창이죠. 그런데 트럼프가 또 한 번 기후변화를 조롱하고 나섰다고요?

그렇습니다. 특히 지난 16일, 트럼프 당선인이 미국 에너지부 장관으로 '기후변화 회의론자'인 석유회사 CEO 크리스 라이트를 지명하면서 충격을 안겼습니다. 그리고 지금 아제르바이잔 바쿠에서는 11일부터 UN 기후변화당사국총회, 즉 COP29가 열리고 있는데요. 이 회의가 이제 막바지에 이르면서 "진짜 기후행동이 필요한데, 현실은 말뿐인 쇼(show)"라는 비판이 커지고 있습니다.

2) 이번 COP29 회의, 도대체 어떤 내용이 쟁점인가요?

핵심은 두 가지입니다. 첫째, 선진국들이 개발도상국에 기후 적응과 복구를 위한 재정지원을 얼마나 확대할 것인가. 둘째, 탄소시장의 국제적 기준을 어떻게 설정할 것인가. 하지만 현실은 기대와 달랐습니다. 각국은 자국 이익만 고수하고, 논의는 지지부진합니다. 실제로 UN 기후변화 사무총장 사이먼 스틸은 "연극은 이제 그만하고, 진짜 협상에 들어가자"며 공개적으로 질타하기도 했습니다.

3) 그렇다면 대안은 뭔가요? 기후 재정 마련에 새로운 제안이라도 나왔나요?

네. 공식 협상 테이블 밖에서 환경단체들이 기발한 제안을 했는데요. 바로 세계 주요 화석연료 기업들에게 기후 손해배상세를 부과하자는 겁니다. 이들 기업이 막대한 이익을 얻는 만큼, 그 책임도 져야 한다는 논리죠.

4) 실제로 어느 정도 세금이 걷힌다는 건가요?

그린피스와 빈곤퇴치단체 '스탬프아웃파버티'에 따르면, 탄소 1톤당 5달러씩만 부과해도 세계 7대 에너지 기업인 엑손모빌, 셸, 쉐브론, 토탈에네르지, BP, 에퀴노르 및 ENI 등에 부과하면 첫해에만 150억 달러, 우리 돈으로 약 20조 원이 걷힌다고 합니다. 이건 현재 UN 기후기금보다 무려 20배가 넘는 규모입니다.

5) 기업들 입장에선 억울하다고 하지 않을까요?

그린스완의 시대

하지만 반론도 있습니다. 이들 7개 기업의 지난해 이익만 1480억 달러가 넘습니다. 150억 달러는 전체 이익의 10% 수준밖에 되지 않는다는 거죠. 즉, '기후세금'이 그리 과하지 않다는 지적입니다.

6) 현재 UN이 운영 중인 기후지원금은 어느 정도인가요?

'상실과 손해 대응기금(Loss and Damage Fund)'이라고 하는데요. 현재까지 선진국들이 낸 돈은 7억 달러 정도입니다. 화석연료 기업에서 제안된 150억 달러와 비교하면 2000%가 넘는 차이죠. 그리고 이 기금은 기후변화로 인한 재해를 겪고 있는 개도국과 저소득국 지원을 위한 것입니다.

출처: UN 기후변화 뉴스(2024-11-24), https://unfccc.int/news

7) 개도국들이 기후위기에 더 취약한 이유는 무엇인가요?

이들 국가는 산업화 과정에서 탄소를 거의 배출하지 않았지만, 태풍, 가뭄, 해수면 상승 같은 피해는 고스란히 받고 있습니다. 반면 선진국들은 대처 능력이 있죠. 그래서 국제사회는 이들 국가를 지원하지 않으면 지구 전체의 기후위기가 더 악화된다고 보고 있는 겁니다.

8) 이번 회의에서 구체적인 재정 규모나 분담 방식이 논의됐나요?

논의는 계속되고 있지만 아직 갈 길이 멉니다. 목표는 1조 달러(약 1350 조 원)의 기후 재정 마련입니다. 그런데 각국이 얼마를 부담할지, 중국과 인도 같은 개도국도 참여할 것인지에 대한 합의가 안 되고 있습니다. 중 국은 세계 최대의 탄소배출국이고 경제 규모도 2위지만, 여전히 개도국 지위를 주장하고 있거든요.

9) 우리나라도 선진국 지위로 압박받고 있다고요?

맞습니다. 우리나라는 공식적으로 '공여국' 지위는 아니지만, 산업화 과 정에서 탄소배출로 성장한 만큼 더 많은 기여를 해야 한다는 목소리가 나 옵니다. 한국이 탄소집약 산업 구조를 갖고 있는 만큼 책임 있는 기후행 동이 필요하다는 국제사회의 요구가 커지고 있습니다.

10) 이번 회의에 우리나라는 어떻게 참여하고 있나요?

정부 대표로 환경부 장관과 외교부 기후변화대사가 참석했고, 대한상 공회의소도 산업계를 대표해 참가했습니다. 국내 주요 기업들도 함께해서 탄소감축 기술과 탄소시장 협력 방안을 논의 중입니다. 우리가 직접 감축 노력과 동시에 국제 협상에서도 주도적인 역할을 해야 하는 시점입니다.

11) 마무리 말씀 부탁드립니다.

기후위기는 단순한 환경 문제가 아닙니다. 식량, 에너지, 경제 안보와 직결된 생존의 문제입니다. 지금의 COP 회의가 쇼로 끝나지 않으려면 말이 아닌 '진짜 기후 재정'이 필요합니다. 우리나라도 이제 '피해자'에서 '책임 있는 기여자'로 나아갈 준비가 필요한 때입니다.

4.
트럼프의 귀환:
파리협정은 다시 흔들릴까

트럼프 전 대통령의 복귀로 기후협정의 미래도 요동치고 있습니다. 과연 역사는 다시 반복될까요?

1) 지난주 미국 대선에서 트럼프 전 대통령의 승리가 확정되면서, 세계 언론이 경제와 외교, 기후 정책의 변화를 주목하고 있습니다. 특히 기후 변화 대응 정책에도 큰 변화가 예상된다고 들었는데요. 교수님, 오늘은 어떤 이야기 준비해 오셨나요?

네, 말씀대로 미국 대통령에 트럼프가 다시 당선되면서 전 세계의 기후 정책에도 큰 격변이 예고되고 있습니다. 트럼프는 지난 임기에서도 파리 기후협정을 탈퇴했고, 다양한 환경 규제를 완화시킨 전력이 있죠. 이번 재임 동안에도 화석연료 확대와 환경 규제 축소 등으로 지구 환경의 후퇴가 예상됩니다. 정부는 이를 의식해 미국과의 협력 관계를 재정비하려는 움직임도 보이고 있습니다.

2) 마침 어제 아제르바이잔 바쿠에서 UN기후변화당사국총회, COP29

가 개막했는데요. 트럼프의 당선으로 이 회의도 당혹스러운 분위기였겠어요.

네, 타이밍이 참 절묘합니다. 어제 COP29 개막식에서 세계기상기구(WMO)는 중요한 보고서를 발표했는데요. 올해 1~9월 지구 평균 기온이 산업화 이전 대비 1.54도 상승했다고 밝혔습니다. 이는 2015년 파리기후협정에서 설정한 '1.5도 상승 억제' 목표를 사실상 넘어선 수치입니다. 더이상 경고가 아닌 현실이 된 것이죠.

3) 기후변화 1차 저지선이 1.5도인데, 이미 그 선을 넘었다는 거군요?

그렇습니다. 1.5도는 인류가 지켜야 할 마지노선으로 여겨졌는데, 이번수치는 그것을 넘은 상태입니다. 해수면 상승 속도도 30년 전보다 2배 이상 빨라졌고, 해양에 저장된 열도 사상 최고치를 기록했습니다. 이 모든변화가 지금 진행형이라는 것이 더 무섭죠.

4) 그렇다면, 미국이 다시 파리기후협정에서 탈퇴한다면 그 충격이 어마어마하겠네요?

맞습니다. 미국은 세계 2위 온실가스 배출국이자, 역사적으로 가장 많은 배출량을 기록한 나라입니다. 미국이 파리협정을 탈퇴하고 환경 규제를 철폐하게 되면, 2030년까지 최대 40억 톤의 추가 탄소가 배출될 수 있습니다. 이 수치는 EU와 일본의 연간 배출량을 합친 규모입니다. 기후분석 사이트 '카본 브리프'는 그에 따른 글로벌 기후 피해비용은 약 9,000억 달러에 달할 것으로 추정하고 있습니다. 이는 단순한 정책 변화가 아니라, 전 세계 기후 행동에 거대한 역풍이 되는 셈이죠.

5) 트럼프가 그렇게 환경 정책에 부정적이었던 이유는 뭘까요?

트럼프는 기후변화를 "역대 최고의 사기극 중 하나"라고 부르며, 청정에너지 확대를 '녹색 사기'라고 말해 왔습니다. 이번 선거 과정에서도 그는 기후 문제를 축소하거나 무시하는 발언을 지속했죠. 결과적으로, 탄소 감축보다는 화석연료 산업과 경제 성장을 우선시하는 태도가 강했습니다.

출처: 에너지경제(2024-11-06), https://m.ekn.kr/view.php?key=20241106022227535

6) 이번 COP29에서는 어떤 의제들이 중점적으로 다뤄지고 있나요?

이번 회의의 핵심은 두 가지입니다. 첫째는 탄소배출 감축 목표 재설정,

둘째는 기후위기에 가장 취약한 개발도상국을 위한 '기후 재정 지원'입니다. 선진국들이 얼마나 자금을 지원할 수 있을지, 어떻게 형평성을 유지할지가 주요 쟁점입니다. 그런데 트럼프의 당선으로 미국이 여기에 얼마나 적극적으로 참여할 수 있을지는 미지수입니다.

7) 기후변화로 인한 경제적 손실도 만만치 않다고 들었어요. 실제 피해는 어느 정도인가요?

국제상공회의소(ICC)에 따르면, 지난 10년간 기후재난으로 인한 세계 경제 손실은 무려 2조 달러에 달합니다. 허리케인, 가뭄, 홍수 같은 극한 기후가 이를 야기했죠. 특히 미국이 약 1조 3천억 원, 중국 약 370조 원, 인도, 일본 등도 막대한 피해를 입었습니다. 기후재난은 더 이상 빈곤국만의 문제가 아니라 선진국에도 직격탄을 날리고 있습니다.

8) 그렇지만 개발도상국들은 피해는 크고 복구 능력은 낮으니 더 걱정이네요.

맞습니다. 선진국은 기술과 자본으로 피해를 일정 부분 상쇄할 수 있지만, 개발도상국은 그렇지 않습니다. 그래서 이번 COP29에서는 2025년 이후 기후 재정 목표를 설정하는 논의가 핵심입니다. 얼마나, 어떻게, 누가 지원할지를 두고 치열한 협상이 이어지고 있습니다.

9) 우리나라도 이런 변화에 대응할 전략이 필요하겠네요. 마무리 말씀

부탁드립니다.

이번 트럼프의 재선은 기후변화 대응에 불확실성을 가져왔지만, 우리나라에겐 중요한 기회이자 시험대입니다. 특히 우리나라는 공식적으로 선진국 지위를 갖고 있지는 않지만, 경제 규모와 산업구조상 기후 재정 기여 압박이 커질 겁니다. 철강, 화학 등 탄소집약 산업 중심의 한국은 앞으로 실물경제 차원에서 탄소 감축에 더욱 집중해야 할 것입니다. 가을 단풍의 경고처럼, 지금은 지구와 경제가 동시에 위기에 직면해 있음을 절감해야 할 때입니다.

5.
노벨상 수상자들이 선택한
미국 대통령 후보는 누구?

과학자와 예술가들, 그들은 왜 기후를 이야기하는 후보를 지지할까요? 노벨상은 정치에 어떤 메시지를 전하고 있을까요?

1) 요즘 한강 작가의 노벨문학상 수상 소식으로 기분 좋으셨던 분들 많으셨죠? 그런데 이번에는 또 다른 노벨상 수상자들이 전 세계적 이슈에 목소리를 냈다고요. 교수님, 오늘은 어떤 이야기 가져오셨나요?

네, 말씀하신 대로 최근 한강 작가 덕분에 문화적으로 훈훈한 소식이 있었는데요. 이번엔 과학과 환경 이야기입니다. 미국 대선을 앞두고, 노벨상 수상자 82명이 "트럼프 전 대통령은 과학과 기후의 미래를 위협할 수 있다"며 공식적으로 해리스 부통령 지지를 선언했어요. 과학자들이 대통령 선거에 이렇게까지 입장을 표명하는 건 이례적이죠.

2) 82명의 노벨상 수상자라니요, 굉장히 상징적인데요. 이들이 트럼프 전 대통령을 위험하다고 판단한 이유는 뭔가요?

대표적인 인물로, 2001년 노벨 경제학상을 수상한 컬럼비아대 조셉 스티글리츠 경제학 교수는 트럼프 대통령 임기 중에 '과학 예산의 막대한 삭감'에 대해서 트럼프의 경우 미래의 위협적인 후보라고 말했고요. 과학과 학계에 대한 적대적인 입장이 겹치면서 재임 중에 엄청난 과학 예산 삭감, 반과학, 반대학 등의 입장이 동기가 되었다고 말했습니다.

이들 82명의 노벨 수상자가 보낸 공개 서한에서 트럼프를 기후변화가 심각한 상황에서 기후위기 진전에 대한 잠재적 위협이라고 말했습니다.

그리고 지난 2세기 동안 생활수준과 기대수명이 엄청나게 증가한 것은 주로 과학과 기술의 진보 덕분이라고 인정하면서, 이 서한에서 트럼프는 "우리 생활 수준의 발전을 위태롭게 하고 기후변화에 대한 대응을 방해할 수 있는" 진보에 대한 잠재적 위협이라고 불렀습니다.

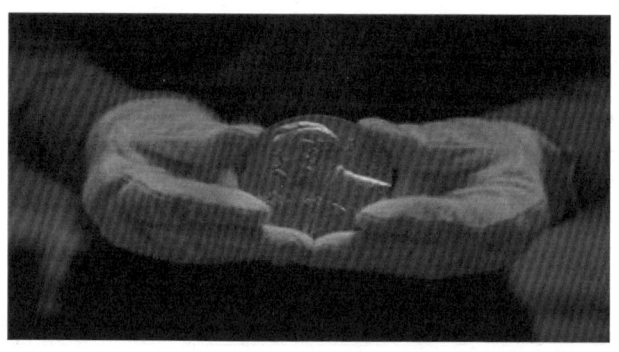

출처: 동아사이언스(2024-10-25), https://m.dongascience.com/news.php?idx=68125

3) 그렇다면 이분들이 해리스를 지지하는 구체적인 이유들도 밝혔나요?

해리스 부통령은 기후 대응을 넘어서 '환경정의'까지 이야기하고 있어요. 단순히 탄소를 줄이자는 게 아니라, 기후 위기로 더 큰 피해를 입는 소외계층까지 배려하자는 입장이죠. 특히 지속가능한 경제, 회복력 있는 일자리, 공정한 미래를 말하고 있어서 노벨 수상자들이 "트럼프보다 훨씬 우수하다"고 평가한 겁니다.

4) 미국의 대선 결과가 전 세계 기후 정책에도 영향을 줄 수 있겠네요. 트럼프 후보와 해리스 후보의 정책 차이는 어떻게 다른가요?

극명하게 다릅니다. 트럼프는 기후변화를 "인류 역사상 가장 큰 사기 중 하나"라고 부르고, 재생에너지 투자를 멈추겠다고 공언했어요. 반면 해리스는 청정에너지 확대, 전기차 인센티브, 기후정의 실현을 강조하고 있죠. 쉽게 말해, 한쪽은 브레이크를 밟고, 한쪽은 액셀을 밟는 셈입니다.

5) 미국 선거에서 트럼프가 승리하게 되면 다른 어떤 문제들보다도 기후변화 대응 정책만큼은 더 빠르게 글로벌 관심사로 뜨거워지겠는데요.

상당히 위태로워질 겁니다. 과학자들은 트럼프가 당선되면 1.5도 목표는 사실상 불가능하다고 말합니다. 기후 행동이 중단되고, 미국은 파리기후협약에서 탈퇴하고, 청정에너지 법안도 폐지될 수 있어요. 이는 국제사회에 '미국이 빠졌으니 우리도 빠지자'는 신호를 줄 수 있죠.

6) 트럼프가 선거에서 이길 가능성도 꽤 높다고 하던데요. 트럼프 당선은 어떤 환경적 메시지를 주게 될까요?

더 가디언지에 따르면 5가지 불안한 잠재적 요인으로 설명을 했는데요. 먼저, 위험하고 불확실한 미래라고 경고했습니다. 세계는 더 불안정한 방향으로 흘러갈 수 있습니다. 트럼프는 풍력에너지에 대해 "헛소리"라고 말하고, "해수면이 오르면 해안가 부동산이 늘어날 것"이라는 비과학적 주장까지 펼치고 있죠. 과학에 대한 신뢰가 깨질 수 있습니다.

7) 그렇다면 바이든 정부가 추진했던 기후 법안들은 어떻게 되는 건가요?

대표적인 것이 '인플레이션 감축법(IRA)'인데요. 이 법을 통해 재생에너지, 전기차, 배터리에 수천억 달러가 투입되고 있죠. 트럼프는 이를 "녹색 사기극"이라고 비판하면서 폐지하겠다고 공언했습니다. 만약 공화당이 의회까지 장악한다면 상당 부분이 무산될 수 있습니다.

8) 정말 우려스럽습니다. 그런데 의회와 법원에서 제동을 걸 수도 있지 않나요?

그럴 가능성도 있습니다. 특히 청정에너지 일자리가 보수 성향 주에도 늘고 있어서 공화당 의원들도 고민이 클 겁니다. 다만 대법원이 보수화된 만큼, 트럼프의 행정명령이 과거보다 훨씬 더 효과적으로 작동할 수도 있다는 점에서 걱정입니다.

9) 추가적인 위협 요인이 있다면 어떤 것들이 있을까요?

'Project 2025'라는 보수 진영 선언문이 있는데요. 이 문서에 따르면 기후 관련 정책 폐지, 기상 예보 민영화, 재난지원 차등 지급 같은 내용도 있습니다. "자신에게 투표하지 않은 지역엔 연방지원도 줄 수 있다"는 식의 위험한 신호를 주는 셈이죠.

10) 마지막으로, 미국 대선이 전 세계 기후 대응에 어떤 영향을 줄지 정리해 주신다면요?

만약 트럼프가 당선된다면, 미국은 다시 파리기후협정에서 탈퇴하고, 전 세계는 기후 행동의 동력을 상실할 수 있습니다. 특히 개발도상국에 대한 지원도 줄어들고, 중국과의 기후 협력도 무너질 우려가 있어요. 이번 선거는 단순한 정치 이벤트가 아니라, 기후 위기 시대의 글로벌 방향을 결정짓는 분수령이 될 겁니다.

11) 네, 교수님 말씀처럼 올해 미국 대선은 기후와 미래, 환경 정의까지 연결된 매우 중요한 선거인 것 같습니다. 세계가 주목하는 이 순간, 우리도 함께 고민하고 목소리를 내야 할 때인 것 같습니다.

6.
기후는 국경을 지우고 있다:
이동하는 세계의 경계선

사라지는 섬과 밀려드는 이주민, 기후는 물리적 국경만이 아니라 정치적 경계까지 허물고 있습니다.

1) 요즘 방글라데시에선 벼락 피해로 사망자가 300명을 넘었고, 네팔에선 홍수와 산사태로 학생들이 학교에 못 가는 일까지 벌어졌다고 해요. 전문가들은 이런 일이 모두 기후변화 때문이라고 분석하고 있다는데요. 오늘은 어떤 이야기 준비하셨나요?

네, 오늘은 조금은 낯설지만, 굉장히 중요한 이야기입니다. 바로 기후변화로 국경이 다시 그려지고 있다는 소식인데요. 히말라야처럼 높은 산에서도 빙하가 빠르게 녹고, 그 결과로 나라 간의 경계선이 바뀌고 있습니다. 또 최근엔 여론조사에서 '북핵보다 기후변화가 더 무섭다'는 결과도 나왔고요. 이처럼 기후위기는 안보, 외교, 교육, 지역 정책까지 전방위로 영향을 미치고 있습니다.

2) 기후변화가 국경까지 흔든다니, 정말 놀랍네요. 먼저 여론조사 이야

기를 조금 자세히 들려주실 수 있을까요?

네, 얼마 전 한 여론조사기관이 전국 18세 이상 성인 1,006명을 대상으로 조사했는데요. "대한민국이 당면한 가장 큰 위협은 무엇인가?"라는 질문에 '기후변화와 환경 문제'라고 응답한 비율이 51.2%, '북한의 핵·미사일 위협'은 51.1%로 거의 같았습니다. 더 흥미로운 점은 이 조사가 진행된 시점이 8월 말, 전국 평균 기온이 28도를 웃도는 기록적 폭염 기간이었다는 거예요. 기후위기가 이제 체감 가능한 위협으로 다가오고 있다는 걸 보여 주는 거죠.

3) 정말 체감이 큰가 봐요. 기후위기가 안보 인식까지 바꿔 놓았네요. 그런데 국경을 다시 그린다니, 무슨 이야기인가요?

네, 실제로 그런 일이 일어났습니다. 스위스와 이탈리아는 1815년부터 알프스 마터호른 능선을 기준으로 국경선을 유지해 왔는데요. 최근 몇 년 사이 기후변화로 이 지역의 빙하가 녹으면서 지형이 바뀐 것입니다. 국경선이 평균 100~150m 남쪽으로 이동하면서, 이탈리아 땅이 줄고 스위스 땅이 늘어난 셈이죠. 결국 두 나라는 올해 8월 말 새로운 국경선 조약을 맺고, 국경을 공식적으로 조정하게 됐습니다.

4) 와, 기후 때문에 나라 땅이 바뀌는 상황까지 오다니. 다른 나라도 이런 일이 있나요?

네, 비슷한 사례가 또 있습니다. 이탈리아는 프랑스와도 몽블랑산 일대를 두고 영토 분쟁이 이어지고 있는데요. 몽블랑 일대는 빙하가 빠르게 녹으면서 새 국경선이 최대 300m나 이동해야 할 수도 있다고 합니다. 게다가 EU 기후관측기관 코페르니쿠스의 자료에 따르면 2023년 한 해 동안 전 세계에서 빙하 6000억 톤(600기가 톤)이 사라졌고, 알프스 빙하만 2년 동안 10%가 줄었다고 하니, 국경 변화는 앞으로 더 잦아질 수 있겠죠.

5) 정말 기후변화의 여파가 국경, 외교, 안보까지 전방위네요. 국내에서는 어떤 변화들이 눈에 띄나요?

우리나라도 예외가 아닙니다. 올여름 폭우로 하천으로 떠내려 온 쓰레기가 8만 8천 톤, 이는 25톤 덤프트럭 3,500대 분량으로, 통계 작성 이래 최대치였고요. 또 집중호우로 인해 전국 곳곳에서 재산 피해, 교통 마비, 산사태가 이어졌고, 이에 따라 복구 예산도 급증하면서 지방정부들이 큰 부담을 안고 있습니다.

6) 정책적인 대응도 더 필요하겠어요.

맞습니다. 기후변화는 이제 단순한 환경 문제가 아니라 생활, 경제, 안전, 외교 문제입니다. 도심 열섬을 막기 위한 녹지 공간 확보, 노약자 건강 보호를 위한 정책, 대중교통 중심의 지속가능한 인프라 전환이 꼭 필요하고요. 무엇보다도 시민들이 기후에 대한 인식과 실천역량을 키워야 합니다. 그래서 최근에는 많은 지방정부들이 탄소중립 시민강사를 양성해서 지역 주민들이 기후위기를 '나의 일'로 느끼고 행동할 수 있도록 돕고 있죠.

7) 지역 축제나 문화행사에서도 이런 움직임이 보이더라고요. 최근엔 공연 뒤 벼룩시장처럼 연결되는 환경 캠페인도 있던데요.

맞습니다. '문화 속 기후행동'도 아주 좋은 방향입니다. 기후위기는 정부나 기업만이 아니라 시민 한 사람 한 사람의 행동이 모일 때 비로소 바뀔 수 있기 때문이죠. 특히 EU는 2050년까지 탄소중립을 목표로 실현하기 위해 2022년 기업의 지속가능성보고지침(CSRD)을 채택했는데요. EU에서 1억 5000만 유로(약 2100억 원) 넘는 순이익을 남기고 있는 우리 기업들에게도 2028년부터 적용하게 됩니다. 탄소 배출을 줄여야 하고 궁극적으로는 탄소중립을 해야 되는 상황인데요. 글로벌 ESG 흐름에 어떻게 대응하느냐에 따라 결국은 우리나라 국가 경쟁력에 영향을 미치고, 만약에 대응이 미흡하면 대한민국의 선진국 지위도 잃을 수도 있습니다. '기후무관심'으로는 살아남기 힘든 시대가 되고 있습니다. 이제는 기후에 대한 감수성을 키우고, 탄소중립을 실천하는 기후시민으로 살아가는 것이 모두의 과제가 됐습니다.

8) 오늘 말씀 듣고 보니, 기후변화는 정말 우리 삶 전체를 흔드는 문제네요. 마무리 말씀 부탁드립니다.

네, 이제 기후위기는 '환경 문제'가 아니라, 외교, 안보, 교육, 산업, 지역 경제의 문제입니다. 기후가 바꾸는 세상 속에서 우리도 바뀌어야겠죠. 정부는 정책으로, 기업은 책임으로, 그리고 시민은 생활 속 실천으로 함께 나설 때, 지구도, 우리 삶도, 조금은 더 안전해질 수 있습니다. 이제는 '기후위기'를 넘어서, '기후대응'이라는 이름으로 함께 변화의 길을 만들어 가야 할 때입니다.

7.
법정에 선 지구:
세계 최대 기후재판 개막

국제사법재판소에서 시작된 인류와 기후의 재판, 이 법정에서 기후정의는 어떻게 다뤄질까요?

1) 최근 기후 이상 현상이 심각하죠. 미국 뉴욕에는 폭설과 강추위, 국내에도 한파 피해가 이어졌는데요. 오늘은 어떤 이야기 전해 주시나요?

네, 지구가 뜨겁습니다. 기후 재앙을 막기 위한 1.5도 한계선이 올해 처음으로 공식적으로 무너졌다는 발표가 있었죠. 이와 관련해서 인류 역사상 가장 규모가 큰 기후 재판이 열렸습니다. 지난주 월요일, 네덜란드 헤이그에서 국제사법재판소(ICJ)가 '기후 정의'를 다룬 사상 첫 재판을 개시했습니다.

2) 국제사법재판소에서 기후재판이라니, 굉장히 큰 사건일 텐데 어떤 내용인가요?

핵심은 이겁니다. 태평양 섬나라들이 기후위기로 생존을 위협받고 있다는 점입니다. 해수면 상승, 빈발하는 초강력 태풍으로 국토가 잠기거나 사라질 위기에 놓인 이들은 "온실가스를 가장 많이 배출한 나라들이 책임져야 한다"고 국제사회에 호소하고 있는 거죠.

3) 이 사건을 처음 제기한 건 누구였나요?

출발은 작은 움직임이었습니다. '기후정의를 위한 태평양 청년 연합'이라는 청년단체가 2019년부터 캠페인을 벌였고요. 여기에 바누아투 정부가 공식적으로 나서면서 2023년 3월 UN 총회에서 만장일치 결의안이 채택됐고, 이 결의에 따라 ICJ가 이번 재판을 열게 된 겁니다.

4) 총 99개국, 12개 국제기구가 참여한다고요. 법적 구속력이 있나요?

직접적인 법적 강제력은 없습니다. 하지만 ICJ가 국제법 해석에 대한 권위 있는 자문 의견(opinion)을 내면, UN 기구와 국제 사회 전체에 기준이 되는 해석으로 작용합니다. 특히 앞으로 진행될 수천 건의 국내외 기후소송에서 이 판단이 인용될 수 있어 실질적 영향력은 큽니다.

5) 이번 재판이 왜 중요한가요?

ICJ가 기후 문제에 대한 국제법적 책임을 따져 보는 첫 재판이기 때문입니다. 단순한 선언이 아니라, 국제법의 틀 안에서 각국 정부가 기후변화에 대해 어떤 의무가 있는지 법적으로 따져 묻는 거죠. 국제기구, 석유수출국

기구(OPEC), WHO, IUCN 등이 모두 발언하는 것도 이례적입니다.

6) 구체적으로 어떤 질문에 대해 재판이 진행되나요?

UN이 ICJ에 제시한 두 가지 질문이 있습니다.

첫째, "기후체계를 보호하기 위한 각국의 국제법적 의무는 무엇인가?"

둘째, "그 의무를 다하지 않거나 방치했을 때, 법적 책임은 어떻게 되나?"

쉽게 말하면, "누가 기후를 망쳤고, 누가 책임질 것인가?"에 대한 국제사법적 기준을 세우는 재판입니다.

7) 워낙 일반적인 질문인데, ICJ가 명확한 결론을 낼 수 있을까요?

맞습니다. 단순한 '예/아니오'가 아닌 국제법 전반을 해석해야 하는 복잡한 사건입니다. 15명의 판사들이 수백 개국의 입장을 들은 후 해석을 내야 하고요. 국가 간 책임소재, 역사적 배출량, 현재의 기여도, 형평성 등을 종합적으로 고려해야 하기에 시간이 오래 걸릴 수 있습니다.

8) 재판 결과는 언제쯤 나올까요?

빠르면 2025년 상반기, 길게는 수년이 걸릴 수도 있다는 전망입니다. 그만큼 복잡하고 민감한 이슈니까요. 참고로, ICJ 자문 의견은 평균 6~18개월이 소요됩니다.

9) 기후위기 최전선에 있는 나라들의 발언도 인상 깊었을 것 같은데요.

네, 정말 절박했습니다. 방글라데시는 "우리를 벼랑 끝에서 구해 달라", 투발루는 "국토가 바닷물에 잠겨 가고 있다", 나우루는 "우리 아이들의 생존권을 지켜 달라"고 호소했습니다. 특히 "우리는 이 위기를 만든 적이 없다"는 말은 전 세계 시민들 가슴에 깊이 남았습니다.

10) 우리나라는 어떤 입장을 밝혔나요?

외교부 국제법률국 국장이 출석해 기후변화 대응에 대한 국제협력의 중요성은 인정하지만, 기존 UN 기후협약 틀 내에서 해결해야 한다는 원론적 입장을 밝혔습니다. 법적 책임을 명확히 하지 않겠다는 입장이죠. 이는 독일, 사우디 등 일부 국가들과 비슷한 태도입니다.

11) 비록 구속력은 없다지만, 향후 어떤 파급력이 예상되나요?

크게 세 가지로 정리할 수 있습니다.

먼저, 기후소송의 기준인데요. 각국 국내 법원이 이 자문의견을 기초로 정부나 기업을 상대로 한 소송에서 판단 기준으로 삼을 가능성이 큽니다.

둘째, 외교협상 압박입니다. 선진국의 기후 재정, 온실가스 감축 목표 등에 있어 도덕적·정치적 압박이 강화됩니다.

셋째, 정책 변화 촉진을 불러일으킬 수 있는데요. 향후 기후 정책이나 법률 제정 시, ICJ 의견을 반영한 최소 기준으로 삼는 움직임이 일 수 있습니다.

12) 우리나라는 이미 국내에서 역사적인 기후소송 판결을 낸 바 있죠. 오늘 마무리 말씀 부탁드립니다.

그렇습니다. 2024년 8월 29일, 대한민국 헌법재판소가 기후 정책의 부실함이 미래세대의 권리를 침해했다며 위헌 판결을 내렸습니다. 아시아 최초이자 세계적으로도 드문 사례입니다. 이처럼 국제사회와 국내법원이 기후정의에 눈을 뜨고 있는 지금, 이번 ICJ 재판도 역사적 분기점이 될 수 있습니다. 더 이상 회피나 책임 미루기는 어렵습니다. 기후의 시간은 이제 곧 법의 시간이 됩니다.

8.
대한민국 기후소송 승소, 헌재가 내린 역사적 판결

우리 헌법은 기후위기에 어떻게 응답했을까요? 헌법불합치 판결은 단순한 법 해석을 넘어, 미래세대의 권리에 대한 선언이었습니다.

1) 요즘 아침저녁으로 선선한 바람이 불고 있지만, 주말엔 다시 폭염이 찾아온다고 하네요. 오늘의 주제는 무엇인가요?

네, 아직 끝나지 않은 더위와 함께 오늘도 기후 이야기를 나눠야 할 것 같습니다. 최근 미국에서는 열사병 사망자가 20년 만에 2배 이상 증가했다는 발표가 있었고요. 외신에서는 심지어 한국의 김치가 기후변화의 희생양이 될 수 있다는 경고도 나왔습니다. 이런 와중에 지난 2024년 8월 29일, 우리나라 헌법재판소가 역사적인 기후소송 판결을 내렸습니다. 그리고 최근엔 각국 기후 정책이 실패하고 있다는 연구도 발표됐죠. 오늘은 기후소송의 의미와 앞으로 우리가 바꿔야 할 기후 정책의 방향에 대해 이야기 나눠 보겠습니다.

2) 지난 방송에서 29일 헌재 판결이 예정되어 있다고 하셨는데요. 결과

는 어떻게 나왔나요?

맞습니다. 2024년 8월 29일, 대한민국 기후정의 역사에 중요한 이정표가 세워졌습니다. 헌법재판소는 정부의 온실가스 감축 목표 설정이 헌법에 어긋난다며 헌법불합치 결정을 내렸습니다.

판결 내용으로 쟁점 법률은 「탄소중립녹색성장 기본법」 제10조 제1항입니다. 2030년까지 온실가스를 2018년 대비 40% 감축한다는 목표만을 규정하고, 2031년 이후의 중장기 감축 목표는 전혀 언급하지 않은 점이 문제였습니다.

헌재 판단 요지는 과소보호금지원칙 위반으로 정부는 국민의 생명과 환경을 보호할 의무가 있지만, 기후위기에 대응하기 위한 충분한 보호 조치를 하지 않았다는 것입니다. 그리고 법률유보원칙 위반으로 장기적인 탄소 감축 계획이 없이 막연한 선언에 그친 법률 조항은 예측 가능성과 법적 명확성을 충족하지 못한다고 보았습니다.

해당 조항이 헌법에 위반되지만, 즉시 무효로 하지 않고 국회가 개정할 기회를 주는 판결 형식입니다. 헌재는 2025년 말까지 개정하라고 국회에 시한을 부여했습니다.

3) "미래세대의 기본권 침해"라니, 굉장히 상징적인 의미가 있네요?

네, 이번 판결은 단순히 온실가스를 몇 퍼센트 감축하라는 요구가 아닙니다. 정부가 기후위기라는 현실 앞에서 책임 있는 대응을 해야 한다, 그리고 미래세대의 존엄한 삶을 국가가 지켜야 한다는 헌법적 선언입니다.

말하자면, 이번 판결은 한국 사회에 기후정의가 공식적으로 시작됐다는 신호라고 볼 수 있습니다. 그리고 이는 아시아 첫 헌법 차원의 기후소송 승소 사례이기도 합니다. 이런 헌법재판소의 판단이 한국을 넘어서 아시아 그리고 세계인들에게 큰 울림을 줄 것이라는 생각입니다.

[왜 이 판결이 중요할까요?]

항목	의미
미래세대 권리 보장	청소년들이 제기한 소송이 받아들여졌다는 점에서 세대 간 정의가 반영된 사례입니다.
정부의 기후책임 명확화	법적 구속력이 있는 장기 목표 수립의무를 강조함으로써 형식적 선언에서 실질적 정책으로 전환 유도
기후위기 = 기본권 문제	생명권, 환경권, 행복추구권 등 기본권 침해 요소로서 기후위기를 인정한 첫 헌법적 판단

4) 기후소송, 처음 들어 보시는 분들도 계실 텐데요. 추진 과정 간단히 설명해 주시죠.

이 소송은 2020년, '청소년기후소송'을 시작으로 '시민기후소송', '아기기후소송', '탄소중립기본계획소송'까지 총 4건의 헌법소원이 청구되었습니다. 핵심은 이렇습니다. 정부가 "2030년까지 온실가스를 40% 감축하겠다"고 법으로 정했지만, 그 실현 가능성과 미래세대를 보호할 계획이 턱없이 부족하다는 것이었죠. 이런 취지에서 헌재에 판단을 요청한 겁니다.

5) 오랜 시간 싸워 온 시민단체와 시민들에겐 큰 감격이었겠네요.

그렇습니다. 이번 판결은 전원일치로, 정부가 우리나라 기후위기 대응을 위한 '탄소중립 기본법 8조 1항'이 국민의 기본권 보호에 현저히 부족하다는 이유로 판단을 내렸고요. 시민단체들과 참여자들은 "이제 기후대응이 진짜 시작됐다"며 환영의 뜻을 밝혔습니다. 특히, 미래세대를 위한 행동이 오늘 우리의 선택에 달려 있다는 점을 상기시키는 순간이었습니다.

6) 그럼 우리는 이 판결 이후 무엇을 바꿔야 할까요?

아주 중요한 질문이신데요. 이번 헌법재판소 판결의 시사점이 '탄소중립녹색성장 기본법'에 근거한 모든 정책을 바꾸라는 것은 아니고요. 헌재에서 지적하고 있는 부족하거나 모자라는 부분을 찾아서 메꿔야 하는 상황입니다. 예를 들어서 어떤 특정한 이상기후로 인해서 사고가 발생했을 때 그 이후에 무엇이 문제인지 찾아서 정책을 수립하는 것이 아니라, 미래에 기후변화로 어떤 피해가 발생할지 미리 대비해서 정책을 만들라는 것입니다. 정부의 책임을 강조한 겁니다.

7) 이번 판결을 국제사회도 주시하고 있을 것 같은데요?

맞습니다. 독일, 미국 몬태나, 네덜란드에서도 기후소송에서 정부 책임을 인정하는 사례가 있었고요. 아시아 최초로 한국에서 헌재가 기후위기 책임을 인정한 것은 대만, 일본 등 현재 소송 중인 나라에도 중대한 선례가 될 것입니다. 게다가 최근 미국과 유럽에서는 탄소국경세(CBAM), 기후공시 의무화, 플라스틱 규제 같은 훨씬 강도 높은 기후 정책이 시행되고 있거든요. 우리도 기후 리더십을 잃지 않으려면 훨씬 구체적이고 과학적인 계획이 필요합니다.

8) 국회도 할 일이 많아졌겠네요. 실질적인 후속입법이 필요하겠죠?

그렇습니다. 2024년 9월 2일 개원한 22대 국회에서도 관련 논의가 본격화될 것으로 보이는데요. 기후소송의 핵심이 된 '탄소중립녹색성장 기본법'의 온실가스 감축 목표를 실질적으로 강화할 필요가 있습니다. 최근 국회입법조사처가 발표한 보고서에서도 '기후물가', '식량안보', '미래농업' 등 기후 정책 실패로 인한 위기관리가 핵심 이슈로 떠올랐습니다.

9) 그런데 문제는, 세계 각국이 내놓은 기후 정책도 그다지 효과적이지 않다는 분석이 있죠?

맞습니다. 독일 포츠담 기후영향연구소가 최근에 전 세계 1500개 기후 정책을 분석했는데, 그중 실질적으로 탄소 배출을 6000만 톤 이상 줄인 정책은 단 63개에 불과했습니다. 효과적인 정책은 일부였고, 정치적 이유로 채택되지 못한 경우도 많았다는 분석이 나왔습니다. 가장 효과적인 방식은 정부의 직접 개입과 강력한 규제, 그리고 보조금 지급을 병행한 정책이었습니다. 결국, 정책도 '의지'가 있어야 작동한다는 뜻이죠. 정부의 역할이 정말 중요하다는 의미입니다.

10) 지역 축제도 많아지고 있는데, 기후와 연관된 이슈들도 눈에 띕니다.

네, 지금 전북을 비롯해 전국 각지에서 가을 축제들이 열리고 있는데요. 이럴 때일수록 일회용품 사용, 쓰레기 처리 문제도 함께 생각해 봐야 합니다. 전남 광양의 한 축제는 '친환경 축제'를 내세웠지만 현장에서는 여전히 일회용기 사용과 쓰레기 무단투기가 문제였죠. 기후변화를 막기 위해선, 결국 우리 삶의 방식이 바뀌어야 합니다. 정부와 기업만이 아니라, 지역과 시민, 축제 하나에도 기후의식이 깃들어야 한다는 거죠. 그래서 지금 우리에게 필요한 건 단순한 기후적응이 아니라, 생활 전반을 바꾸는 '기후혁명'입니다. 우리 삶을 지키는 변화, 지금부터 함께 만들어 가야 합니다.

11) 마지막으로 마무리 말씀 부탁드립니다.

이번 판결은 단지 정부의 법 개정 의무를 넘어, 기후위기 대응이 곧 인권과 정의의 문제라는 사실을 분명히 한 계기입니다. 지금 이 순간에도 우리는 '기후 헌법 시대'의 첫 페이지를 열고 있는 셈입니다. 이제는 정책도, 법도, 사회도 모두 기후위기에 걸맞은 수준으로 진화해야 할 때입니다. 이제는 정책의 '의지'와 '실행력'이 관건입니다. 기후위기 대응은 선택이 아닌 생존의 문제이며, 우리가 바꿔야 할 건 '정책'만이 아니라 삶의 방식과 사회의 문화입니다.

9.
트럼프 2기의 행정명령, 한국에 닥친 기후 역풍

다시 불어온 기후역풍, 미국의 변화는 한국 산업에 어떤 파장을 몰고 올까요?

1) 오늘은 미국 LA의 대형 산불이 어느 정도 잡혀 가는 가운데, 트럼프 대통령이 두 번째 임기를 시작했습니다. 그런데 이번 산불이 기후변화 때문이라는 분석이 나오고 있는 상황에서, 트럼프 대통령이 취임하자마자 기후 정책을 되돌리는 행정명령을 내렸다고 하는데요. 오늘 주제는 어떤 이야기인가요?

네, 트럼프 대통령이 오늘 취임과 동시에 100개가 넘는 행정명령에 서명했는데요. 그중에서도 특히 주목할 만한 건 기후변화 관련 정책을 전면 철회하겠다는 겁니다. 가장 먼저 파리기후협정에서 다시 탈퇴를 선언했고요, 바이든 정부의 전기차 지원과 청정에너지 정책은 모두 폐기하겠다고 밝혔습니다. 심지어 환경보호청(EPA)의 권한도 대폭 축소하거나 폐지할 계획이라, 글로벌 기후 대응에 큰 충격을 주고 있습니다.

2) 사실상 바이든 정부의 기후 정책을 모조리 지우겠다는 거군요. 그런데 왜 파리기후협정에서 탈퇴하겠다는 걸까요?

트럼프 대통령은 파리협정이 미국 경제에 부담을 준다는 입장을 계속 고수해 왔습니다. 하지만 실상은 다릅니다. 미국은 전 세계 탄소 배출량의 약 14%를 차지하는 국가로서, 책임 있는 감축이 필요한 상황이고요. IEA 기준, 2023년 미국은 중국에 이어 세계 2위 탄소배출국입니다.

또한 재생에너지 산업은 미국 내에서 450만 개 이상의 일자리를 창출하고 있는데, 이걸 되돌리겠다는 건 경제적으로도 역행하는 선택이라는 지적이 많습니다.

3) 전기차 지원도 폐지한다고 했는데, 그럼 자동차 배출가스 규제도 완화된다는 건가요?

맞습니다. 특히 2027년부터 강화 예정이던 자동차 온실가스 배출 기준(CAFE)을 되돌린다는 내용이 포함돼 있습니다. 이는 미국 전체 온실가스의 29%를 차지하는 교통 부문의 감축 계획을 사실상 무력화하는 조치고요. 이로 인해 EV(전기차) 산업 성장 둔화, 글로벌 투자 축소, 한국 완성차 기업의 수출 전략 변화 등이 불가피해질 수 있습니다.

4) 그럼 한국도 타격을 받을 수 있겠군요. 에너지 수출입 구조에 변화가 생기겠네요?

그렇습니다. 미국이 석유와 LNG(액화천연가스) 수출을 확대하려는 만큼, 한국이 미국산 에너지 수입을 늘릴 수 있는 기회도 있지만, 이는 동시에 재생에너지로의 전환 지연, 국내 탄소중립 목표 후퇴 압박으로도 이어질 수 있습니다.

또한 원유와 가스 공급이 늘면 단기적으로 국제 유가 하락 요인이 되지만, 기후 재난이 계속되면 장기적으로 에너지 가격 변동성이 커질 수밖에 없습니다.

5) 그렇다면 이런 트럼프 행정부의 움직임이 파리협정 이행 자체에 영향을 미칠 수도 있겠네요?

네. 미국은 전 세계에서 기후기금(GCF) 최대 공여국 중 하나인데요, 트럼프 1기 때도 기후기금 분담금 30억 달러를 끊은 전례가 있습니다. 이번 2기에도 개발도상국의 기후적응 지원이 다시 끊길 우려가 크고요. 그럼 개도국들의 NDC(국가온실가스 감축목표) 자체가 후퇴할 수 있어 전 세계적으로 1.5도 목표 달성은 더욱 어려워질 수 있습니다.

6) 그럼 한국은 어떻게 대응해야 할까요? 경제와 기후 정책 모두에서 말이죠.

한국은 탄소중립법을 국내법으로 명시한 국가입니다. 하지만 미국의 탈퇴와 보호무역 기조는 우리의 수출 산업, 특히 반도체, 철강, 자동차 등에 기후 관세 리스크를 높일 수 있습니다.

이럴수록 우리는 EU CBAM(탄소국경조정제도), 미국 IRA(인플레이션 감축법), ISO14068 탄소중립 국제표준 등에 맞춰 ESG 경영을 강화해야 하고요.

또한 미국 외 다른 파트너국과의 기후 협력 다변화, 예를 들어 EU·캐나다·호주·아세안 국가와의 공동 감축 이니셔티브 구축도 필요하겠습니다.

7) 기후변화에 대한 트럼프 행정부의 장기 전략은 무엇이라고 생각하세요?

트럼프의 전략은 기후 완화보다 경제 성장과 에너지 독립을 우선시한다고 보입니다. 산업에 대한 규제 부담을 줄이고, 미국 화석연료 생산을 확대하고, 경제 활동을 자극하기 위해서 환경 규제를 완화하는 데 중점을 두고 있고요. 이러한 접근 방식이 일자리를 만들어내고, 에너지 비용도 낮추면서 미국의 에너지 안보를 강화할 것이라고 믿고 있는 것입니다.

8) 앞으로 상당한 어려움이 있지만, 두 나라가 이러한 정책 변화를 헤쳐나가는 데 협력할 수 있는 기회도 있을 것 같습니다. 어떻습니까? 마무리 말씀 부탁드립니다.

트럼프 2기의 출범은 기후변화 대응과 세계 경제 질서에 새로운 파장을 가져올 수 있는 중대 변수입니다.

우리는 미국의 정책 변화에 수동적으로 대응하기보다는, 기후외교 역량과 ESG 경쟁력을 강화하고, 지속가능성과 경제 안정을 동시에 확보할 수 있는 전략적 전환이 필요합니다.

  기후위기와 지정학적 변동성이 맞물리는 이 시대, 기후 리더십이 바로 국가 경쟁력입니다.

다음은 트럼프 2기 행정부의 기후 관련 행정명령에 대한 핵심 내용을 정리한 요약이다. 각 조치는 기후변화 대응 정책의 후퇴, 친환경 산업에 대한 규제 강화 철회, 화석연료 산업 중심 회귀라는 공통된 방향성을 갖는다.

※ 트럼프 2기 기후 관련 행정명령 요약

분야	주요 행정명령 내용	영향 및 평가
국제협약	파리기후변화협정 재탈퇴 선언	국제 공동기후행동 약화 개발도상국 기후 재정 축소 우려
재생에너지 정책	그린뉴딜 폐기 청정에너지 지원 축소 전기차 보조금 중단 예정	신재생에너지 투자 위축 EV 산업 성장 둔화 기후 친화 기업의 글로벌 경쟁력 하락
환경 규제	환경보호청(EPA), NOAA 등 기능 축소 또는 폐지 추진	환경 규제 기능 약화 과학 기반 기후연구 중단 우려
에너지 생산	국유지 및 해양 석유 시추 확대 수압파쇄(Fracking) 규제 완화	화석연료 생산 증가 단기 경제 효과 가능성 있으나 탄소 배출 급증
자동차 배출 규제	연방 연비·배출가스 기준 완화	온실가스 배출 증가 미국 자동차 제조사의 친환경 전환 지연
천연가스 수출	LNG 수출 공장 승인 확대	에너지 자원 수출 경쟁력 강화 가능 글로벌 가스 시장 재편

그린스완의 시대

※ 종합 분석

o 기조: "에너지 우위(American Energy Dominance)" 재확인 → 기후 완화보다 경제 성장과 자원 독립 중시

o 국내 산업 우선주의로 규제 완화 → 단기 경제 이익 추구

o 국제사회에서는 기후 리더십 붕괴 우려

※ 국제 및 한국에 미치는 영향

o 개도국 기후 재정 위축: 미국은 기후 재정(GCF) 최대 기여국 중 하나였음

o 글로벌 기후 거버넌스 후퇴: 국제협약의 구속력 약화, 선도국들의 감축 유인 약화

o 한국 수출산업에 영향: IRA(인플레이션감축법) 폐기 시 국내 전기차·배터리 기업 수혜 감소 가능

o 탄소국경조정제도(CBAM) 등 EU 주도의 규제 강화 가능성 커짐 → 한국 기업 이중 규제 위험

10.
세계 경제는 지금 '녹색'과 '보호주의'의 사이에 있다

무역은 기후로 인해 다시 쓰이고 있습니다. 녹색 전환 vs 보호무역, 우리는 어떤 길을 택할 것인가요?

1) 2025년, 가장 주목해야 할 기후 이슈는 무엇인가요?

2024년은 기록상 가장 더운 해로 남았습니다. 유럽연합 코페르니쿠스 기후변화서비스에 따르면 2024년 평균 기온은 산업화 이전 대비 1.48도 상승했는데요. 2025년은 이 추세를 넘어서 1.5도 임계치 초과 가능성이 커졌습니다. 이 임계치를 넘기면 폭염, 산불, 가뭄, 홍수 같은 기후재난이 일상처럼 반복되고, 생물다양성 파괴가 가속화되기 때문에 글로벌 대응의 전환점이 될 해로 주목되고 있습니다.

2) 기온 상승이 1.5도를 넘으면 어떤 일이 벌어지나요?

기온 상승 1.5도는 단순한 숫자가 아닙니다. 인류 생존을 가르는 경계선이라고 보서야 합니다. 이 선을 넘어서면 지구의 자연 생태계와 경제 시스템 전반에 돌이킬 수 없는 변화가 시작될 수 있습니다.

가장 먼저, 몰디브, 방글라데시 같은 저지대 해안 국가들은 침수 위험에 직면하게 됩니다. 해수면이 상승하면서 수백만 명이 삶의 터전을 잃고 기후 난민이 되는 거죠. 그리고 북극 해빙과 영구동토층이 무너지면서 메탄가스가 방출될 가능성이 커집니다. 메탄은 이산화탄소보다 80배나 강력한 온실가스여서, 기후 위기를 더 빠르게 가속시킬 수 있습니다. 또한 아마존 열대우림 붕괴로 지구의 탄소 흡수 능력이 크게 줄고, 수많은 생물종이 멸종 위기에 처하게 됩니다. 생물다양성이 무너지면 인간 사회도 연쇄적으로 타격을 입게 되죠.

가장 체감되는 영향은 식량 문제입니다. 폭염과 가뭄으로 곡물 생산량이 줄면서 식량 가격이 급등하게 되고요. 이는 전 세계 빈곤층과 취약 국가에 더 큰 타격을 주게 됩니다. 실제로 세계은행은 2030년까지 기후변화로 인해 1억 명 이상이 극심한 빈곤에 처할 수 있다고 경고하고 있습니다. 결국, 기후위기는 단지 환경 문제가 아니라 불평등, 난민, 건강, 경제를 모두 연결하는 복합 위기인 셈입니다.

3) 2025년 예상되는 기후 재난은요?

네, 2025년은 엘니뇨에서 라니냐로 전환되는 시기가 될 것으로 보이는데요. 이 과정에서 기후가 훨씬 더 불안정해지고, 전 세계적으로 극단적인 재난이 자주 발생할 가능성이 높아집니다.

먼저, 유럽, 미국, 호주 등에서는 대규모 산불과 기록적인 폭염이 우려됩니다. 2024년에도 이미 기온이 급등하고 산불 피해가 반복됐는데, 올해는 그 강도가 더 세질 수 있다는 예측이 많고요. 아시아 지역은 초강력 태풍과 국지성 집중호우에 특히 주의가 필요합니다. 해수면 온도가 상승하면서 태풍은 점점 강해지고, 비는 좁은 지역에 쏟아지는 형태로 피해를 키우고 있죠. 또한 중동과 아프리카는 가뭄과 물 부족이 심화될 것으로 보입니다. 실제로 유엔(UN)은 2025년까지 전 세계 인구의 절반 이상이 물 부족에 직면할 수 있다고 전망하고 있습니다. 이것은 단순히 '물을 아껴 써야 한다'는 차원을 넘어서서 식량 생산과 전염병 확산, 사회 불안정까지 불러올 수 있는 심각한 문제입니다.

결국 2025년은, 단순히 "더운 해"가 아니라 인류가 얼마나 빠르고 체계적으로 기후위기에 대응할 수 있느냐를 시험받는 해가 될 가능성이 높습니다.

4) 기후변화와 경제에 미치는 영향은 무엇인가요?

기후변화는 더 이상 환경 문제에만 그치지 않고요, 경제 위기의 촉매 역할을 하고 있습니다.

첫째, 농산물과 에너지 비용이 상승하면서 소비자 물가가 전반적으로 오르게 됩니다. 예를 들어, 폭염과 가뭄이 계속되면 곡물 수확량이 줄고, 식량 가격이 급등하죠. 2023년에는 밀·옥수수·대두 등의 가격이 기후 영향으로 15~30% 가까이 올랐고요. 에너지 쪽도 마찬가지입니다. 폭염이 심해지면 냉방 수요가 급증하면서 전기료가 오릅니다.

둘째, 공급망 충격도 심각합니다. 태풍이나 홍수로 항만과 도로, 물류센터가 마비되면 글로벌 공급망이 끊기게 되는데요. 특히 반도체, 의약품,

식품 같은 주요 산업들이 타격을 받습니다. 2021년 독일 폭우, 2022년 중국 장강 가뭄 당시에도 세계 시장이 실제로 큰 충격을 받았습니다.

셋째, 보험료 인상과 금융시장 불안정성도 커지고 있습니다. 자연재해가 많아질수록 보험금 지급 규모가 커지고, 보험사의 부도 위험도 증가합니다. 2023년 한 해 동안 전 세계에서 발생한 기후 재해로 인한 경제적 손실이 약 2,750억 달러에 달했는데, 이 중 보험금 지급액은 약 절반에 이릅니다. 이러한 상황은 재보험 시장에도 연쇄적인 리스크를 만들고 있고요.

마지막으로, 정부 재정 부담이 커집니다. 기후재해 복구비용, 농업 피해 보조금, 공공 인프라 복원비용 등이 늘어나기 때문이죠. 실제로 미국과 유럽의 경우, 기후재난 대응으로 지출하는 예산이 연간 수천억 달러 규모로 늘고 있습니다.

IMF는 기후변화로 인해 전 세계 GDP가 매년 평균 1~3%까지 감소할 수 있다고 경고하고 있습니다. 이 말은 단순한 경제 불황이 아니라, 기후 위기가 곧 경제 위기로 연결된다는 걸 뜻합니다.

5) 기업들의 대응 전략은 어떻게 바뀌어야 하나요?

이제는 기후위기가 단순한 ESG 이슈를 넘어서, 기업 생존의 문제가 됐습니다. 기후리스크에 제대로 대응하지 못하면 수출도 어렵고, 투자도 끊기고, 결국 시장에서 도태될 수 있기 때문입니다. 그래서 기업들은 크게 세 가지 축으로 전략을 바꿔야 합니다.

첫째, 재생에너지 도입을 확대해야 합니다. 글로벌 기업들은 이미 탄소중립을 위해 전력의 100%를 태양광·풍력 등으로 전환하는 RE100 캠페인에 참여하고 있고요. 삼성전자, LG에너지솔루션도 2030년까지 전 세계 사업장의 재생에너지 사용률을 100%로 전환하겠다고 발표한 바 있습니다.

둘째, 탄소배출 관리 시스템을 구축해야 합니다. 기업 내부의 탄소배출을 측정하고, Scope 1·2뿐만 아니라 공급망 전반(Scope 3)까지 감축하는 노력이 필수인데요. 탄소배출 데이터를 실시간으로 모니터링하고 감축 목표를 세우는 ESG 전담팀과 디지털 솔루션이 필요합니다.

셋째, 공급망 전반의 탈탄소화 전략이 필요합니다. 특히 유럽연합(EU)의 탄소국경조정제도(CBAM)가 2026년부터 본격 적용되면서, 수출기업은 철강, 알루미늄, 시멘트 등의 제품에 대해 탄소배출량을 계산하고 보고해야 하고요. 배출량이 많으면 제품당 탄소세를 내야 합니다.

이미 글로벌 투자사들도 기후리스크 대응이 미흡한 기업에서 투자 철회를 선언하고 있습니다. 2023년 블랙록, 노르웨이 국부펀드 등 세계 주요 기관투자자들은 "기후 리스크 보고가 미흡하거나 감축 계획이 없는 기업은 투자 대상에서 제외한다"고 밝혔습니다.

이제 기업들은 기후를 피할 수 없는 리스크가 아닌, 선제적으로 관리해야 할 리더십 영역으로 인식해야 합니다. 미루는 순간, 시장에서 뒤처질 수 있습니다.

6) 최근에 녹색 보호무역주의라는 신조어가 생겼습니다. 어떤 개념인가요?

네, '녹색 보호무역주의(Green Protectionism)'는 말 그대로 '기후'나 '환경'이라는 명분을 내세워 무역 규제를 강화하는 흐름을 뜻합니다. 표면적으로는 탄소 감축을 목표로 하지만, 실제로는 자국 산업 보호에 활용되는 경우도 많죠. 대표적인 예가 유럽연합(EU)의 CBAM, 즉 탄소국경조정제도인데요. EU는 2026년부터 철강, 알루미늄, 시멘트, 비료, 전기 등 탄소 배출이 많은 수입품에 대해 '탄소세'를 부과하기로 했습니다.

예를 들어, 한국 기업이 철강 제품을 유럽에 수출하려면 제품 생산 과정에서 발생한 탄소량을 계산하고, EU 기준보다 탄소 배출이 많으면 그만큼의 추가 비용(탄소세)을 내야 한다는 거죠. 이미 2023년부터는 '시험 보고 의무'가 시작됐고, 앞으로는 사실상 무역 장벽이 되는 겁니다.

또 하나의 사례가 미국의 인플레이션 감축법(IRA)입니다. 미국은 이 법을 통해 자국산 전기차, 배터리, 태양광 부품에만 보조금을 지급하고 있고요. 한국, 유럽, 일본 등 우방국조차 차별적 조항이라고 강하게 반발했었죠.

결국, 기후위기 대응이라는 공동 목표를 앞세우지만, 이제는 탄소 규제가 비관세 장벽이 되는 시대, 다시 말해 탄소가 무역의 새로운 '관세' 역할을 하게 되는 시대가 열린 것입니다. 이러한 변화 속에서 기업과 정부 모두 탄소 정보 공개, 제품별 탄소 발자국 관리, 저탄소 기술 전환에 속도를 내야 글로벌 시장에서 살아남을 수 있겠습니다.

7) 기후금융은 무엇이며, 2025년은 이와 관련해서 어떤 변화가 예상될까요?

기후금융(Climate Finance)은 기후위기를 막기 위한 친환경 프로젝트에 자금을 지원하는 금융 흐름을 말합니다. 대표적인 사례로는 ▲태양광·풍력 등 재생에너지 투자, ▲홍수 대응 시설 같은 기후적응형 인프라, ▲탄소포집(CCUS), 전기차 배터리 같은 탄소감축 기술 개발 지원 등이 있죠.

그런데 2025년에는 기후금융이 후퇴할 수 있다는 우려가 커지고 있습니다. 왜냐하면 최근 출범한 트럼프 2기 행정부가 반 ESG 정책 기조를 드러내고 있기 때문입니다. 실제로 JP모건, 씨티은행 등 일부 글로벌 대형 은행이 넷제로 금융동맹(GFANZ)에서 탈퇴했고, ESG 펀드 운용 규모도 축소되며, 기후 프로젝트에 대한 투자 위축 현상이 나타나고 있습니다. 공화당 주정부가 ESG를 '좌파 이념'으로 규정하며 금융기관에 법적 압박을 가해 온 영향도 크죠.

이럴 때일수록 한국은 대응 전략을 분명히 세워야 합니다.

우선, 녹색채권(Green Bond) 발행을 확대해 민간 자금을 유도하고, K-택소노미(한국형 녹색분류체계)를 고도화해서 지속가능 산업의 기준을 명확히 하고, 한국산업은행 등 공적 금융기관이 시장 리스크를 분담해 민간 투자 활성화를 이끌어야 합니다. 글로벌 흐름이 흔들릴수록, 오히려 기후금융을 선도하는 국가가 미래의 녹색경제 주도권을 확보하게 될 것입니다. 한국도 지금이 바로 그 기회를 잡을 타이밍입니다.

8) 인공지능(AI)과 기후변화는 어떤 관계인가요?

인공지능(AI)은 기후변화를 해결하는 데 강력한 도구가 될 수 있지만, 동시에 새로운 환경 문제를 유발할 수도 있는 '양날의 칼'입니다.

우선 긍정적인 측면부터 보면, AI는 기후 데이터를 분석하고 예측하는 데 큰 역할을 할 수 있습니다. 예를 들어, 위성에서 수집된 대기와 해양 데이터를 AI가 정교하게 분석하면 폭염, 태풍, 산불과 같은 이상기후 현상을 더 빠르고 정확하게 예측할 수 있습니다. 실제로 유엔 산하 세계기상기구

(WMO)는 AI를 활용한 조기경보 시스템 도입을 확대하고 있습니다.

또한 AI는 에너지 효율화를 통해 탄소 배출을 줄이는 데도 기여할 수 있습니다. 건물이나 산업 시설의 냉난방, 조명, 생산 설비를 AI가 자동 제어하면서 불필요한 에너지 낭비를 줄일 수 있고, 이는 곧 온실가스 감축으로 이어집니다. 구글(Google)은 자사 데이터센터에 AI를 도입한 결과 에너지 소비를 약 30% 절감하는 데 성공했습니다.

특히 재생에너지 분야에서도 AI의 역할이 주목됩니다. 태양광이나 풍력처럼 날씨에 따라 발전량이 달라지는 에너지원의 특성상, 예측이 매우 중요한데요. AI는 기상 데이터를 실시간으로 분석해 재생에너지 생산량을 예측하고, 전력망을 효율적으로 조절하는 데 활용됩니다. 이 덕분에 전력 손실은 줄이고, 친환경 에너지의 안정적인 공급이 가능해지고 있습니다.

하지만 이런 장점과는 별개로, AI는 기후변화를 악화시킬 수 있는 요인도 갖고 있습니다. 특히 초거대 AI 모델을 훈련하고 운영하기 위해 필요한 막대한 컴퓨팅 자원은 엄청난 전력을 소모합니다. 예를 들어 GPT-4 같은 모델 하나를 훈련시키는 데만 약 500톤의 이산화탄소가 배출된다고 하는데요. 이는 뉴욕에서 런던까지 항공기를 약 300번 왕복 운항할 때 발생하는 탄소 배출량과 맞먹는 수준입니다.

더 나아가 이 대규모 서버를 유지하기 위해선 많은 양의 냉각수가 필요한데요. 2022년 기준으로 마이크로소프트(MS)는 AI 데이터센터 운영을 위해 약 60억 리터 이상의 물을 사용한 것으로 알려져 있습니다. 이는 기후위기로 인해 물 부족이 심화되는 상황에서 결코 가볍게 볼 수 없는 문제입니다.

결국 AI는 기후변화 대응에 있어 필수적인 도구가 될 수 있지만, 그 자체가 또 다른 환경 부담이 되지 않도록 관리하는 것이 중요합니다. 앞으로는 AI 서버 운영을 재생에너지 기반으로 전환하고, 냉각 시스템의 효율을 높이며, 불필요한 연산과 데이터 저장을 줄이는 친환경 알고리즘 개발이 더욱 중요해질 것입니다.

기후위기 시대, 우리는 AI를 어떻게 설계하고 사용할 것인지에 따라 지구의 미래가 달라질 수 있습니다. 기술은 중립적이지만, 그 기술을 어떤 방향으로 쓰느냐는 전적으로 우리의 선택에 달려 있는 것이죠.

9) 2025년 주목할 친환경 기술은 무엇인가요?

2025년에는 기후변화 대응과 지속가능한 성장이라는 두 가지 과제를 동시에 해결하기 위해, 여러 첨단 친환경 기술이 주목을 받고 있습니다. 특히 산업, 에너지, 농업, 금융 전반에 걸쳐 기술 혁신이 빠르게 일어나고 있는데요. 그중에서도 다섯 가지 핵심 기술을 살펴보겠습니다.

첫째는 차세대 배터리 기술입니다. 전기차와 에너지 저장장치(ESS)의 확산으로 배터리 기술은 기후 대응의 중심축이 되고 있습니다. 기존 리튬이온 배터리보다 더 높은 에너지 밀도와 안전성을 가진 고체 배터리와 리튬-황(Lithium-Sulfur) 배터리가 주목받고 있는데요. 이들 배터리는 에너지 밀도가 2배 이상 높고, 충전 속도도 빠르며, 폭발 위험도 낮기 때문에 차세대 전기차와 항공기 전동화에도 활용될 가능성이 큽니다. 특히 일본과 독일에서는 이미 고체 배터리 상용화를 위한 실증단계에 들어섰고, 우리나라 기업들도 연구개발에 박차를 가하고 있습니다.

둘째는 수소 에너지입니다. 수소는 연소 시 물만 배출하기 때문에 '궁극의 청정 에너지'로 불리는데요. 2025년에는 산업·운송·전력 부문에 걸쳐 다양한 수소 기술이 본격 도입될 전망입니다. 대표적으로 수소환원 제철 기술이 있습니다. 기존의 고로 기반 제철공정은 막대한 탄소를 배출하지만, 철광석을 수소로 환원시키면 이산화탄소 배출을 획기적으로 줄일 수 있죠. 포스코는 이를 '하이렉스(HyREX)'라는 이름으로 개발 중입니다. 또한 수소버스와 수소트럭 같은 수소 모빌리티, 그리고 수소를 기반으로 항만·물류체계를 구축하는 수소항만도 실증단계를 거쳐 확대될 예정입니다.

셋째는 탄소 포집·활용·저장 기술, 이른바 CCUS(Carbon Capture, Utilization and Storage)입니다. 이 기술은 화력발전소나 공장에서 배출되는 이산화탄소를 직접 포집해서 땅속에 저장하거나, 산업용 자원으로 재활용하는 시스템인데요. 최근에는 기존 기술보다 더 적은 에너지로 더 많은 탄소를 포집할 수 있는 고효율 소재가 개발되고 있고, 이산화탄소를 활용한 콘크리트, 플라스틱, 연료 생산 기술도 빠르게 확산되고 있습니다. 국제에너지기구(IEA)는 2030년까지 CCUS 기술이 전 세계 탄소 감축의 약 15%를 담당할 것으로 전망하고 있습니다.

넷째는 도심형 스마트 팜입니다. 전 세계적으로 농업도 탄소배출의 중요한 원인 중 하나인데요. 기후변화에 적응하고, 동시에 에너지 효율을 높이기 위해 스마트 팜이 주목받고 있습니다. 도심 건물 옥상이나 컨테이너 안에서 LED 조명과 IoT 기술, AI 제어 시스템을 활용해 농작물을 재배하는 방식으로, 물 사용량과 토지 사용을 획기적으로 줄일 수 있습니다. 특히 기후변화로 인해 농업 생산성이 떨어지고 있는 상황에서, 지역 내 식량 자립과 식물 기반 바이오산업 성장에도 기여할 수 있는 미래형 농업 모델로 각광받고 있습니다.

마지막으로는 디지털 ESG 플랫폼입니다. 최근 기후 리스크가 기업 가치에 미치는 영향이 커지면서, 데이터를 기반으로 한 ESG 경영이 중요해졌는데요. 디지털 ESG 플랫폼은 탄소배출량, 에너지 사용, 공급망 리스크 등을 실시간으로 분석하고, 투자자와 이해관계자에게 투명하게 공개하는 도구입니다. 특히 한국, 일본, 유럽에서는 금융권 중심으로 기후위험 스트레스 테스트를 통합하는 시스템이 개발 중이고, ESG 공시의무화와 맞물려 기업들이 이 플랫폼 도입을 서두르고 있습니다.

이처럼 2025년은 기후기술이 본격적으로 확산되고 상용화되는 중요한 전환점이 될 것으로 보입니다. 기술만으로 기후위기를 해결할 수는 없지만, 이 기술들이 정책, 투자, 시민 행동과 결합될 때 지속가능한 미래를 앞당기는 강력한 동력이 될 것입니다.

10) 일반 시민이 실천할 수 있는 기후행동은 무엇이 있을까요?

기후위기에 대응하는 것은 정부나 기업만의 몫이 아닙니다. 오히려 우리 일상 속 작은 선택들이 모여 거대한 변화를 만들어 낼 수 있습니다. 특히 2025년에는 기후행동의 실천 주체로서 시민의 역할이 더욱 중요해질 텐데요. 우리가 실천할 수 있는 기후행동 몇 가지를 소개해 드리겠습니다.

첫째, 전기 절약입니다. 가정에서 사용되는 전기는 대부분 석탄, 가스 등 화석연료로부터 생산되기 때문에 에너지 사용량을 줄이는 것만으로도 온실가스 배출을 크게 낮출 수 있습니다. 에너지소비효율 1등급 가전을 사용하는 것, 외출 시 스마트콘센트를 이용해 대기전력을 차단하는 것만으로도 가정 전기 소비의 10-15%를 줄일 수 있다는 연구 결과가 있습니다. 또한 LED 조명을 활용하거나 세탁은 냉수로, 냉방은 설정 온도를 1-2도 높이는 습관도 큰 효과를 줍니다.

둘째, 교통 전환입니다. 자동차는 개인 온실가스 배출의 주범입니다. 대중교통이나 자전거, 도보로의 전환만으로도 CO_2 감축에 상당한 효과가 있으며, 교통부에 따르면 자가용 대신 대중교통을 이용하면 연간 최대 1톤의 온실가스를 줄일 수 있습니다. 전기차의 경우, 충전 전력을 재생에너지로 공급받을 경우 탄소배출을 거의 '제로'에 가깝게 만들 수 있습니다.

셋째, 식단 변화입니다. 탄소 발자국을 줄이는 식생활도 중요한 기후행동입니다. 육류, 특히 소고기와 같은 반추동물은 메탄을 배출하고 사료 재배와 수송에 많은 에너지가 들기 때문에 탄소 배출량이 매우 높습니다. 최근 네이처 푸드(Nature Food)에 발표된 연구에 따르면, 채식 위주 식단은 일반적인 서구형 식단에 비해 탄소배출을 최대 50% 이상 줄일 수 있습니다. 일주일에 하루만이라도 '고기 없는 날'을 실천하는 것도 충분히 의미 있는 행동입니다.

넷째, 친환경 소비입니다. 제품 하나를 선택할 때도 기후위기에 대응할 수 있습니다. 탄소중립 인증 제품, 재생 소재로 만든 제품, 포장재가 적은 상품 등을 선택함으로써 생산과 유통 과정의 탄소를 줄일 수 있습니다. 최근에는 유통사나 플랫폼에서 '탄소 발자국 표시'가 있는 제품을 제공하는 경우도 늘고 있으니 꼼꼼히 확인하는 습관이 필요합니다.

다섯째, 기후 정책에 참여하는 것입니다. 기후위기 대응은 제도와 정책 없이는 근본적인 해결이 어렵습니다. 그렇기 때문에 우리는 투표를 통해 기후 정책을 지지하는 정당과 후보를 선택할 수 있고, 기업의 ESG 경영을 감시하며 친환경 기업의 제품을 소비함으로써 시장의 방향을 바꿀 수 있습니다. 또한 지방정부의 탄소중립 조례 제정이나 지역의 에너지 정책에 대한 의견을 적극적으로 제시하는 것도 중요합니다.

11) 2025년 기후 대응의 핵심 키워드는 무엇일까요? 마무리 말씀 부탁드립니다.

2025년, 기후 대응의 핵심 키워드를 한마디로 요약하면 '임계점을 넘기지 않기 위한 전환의 분기점'이라 할 수 있습니다. 과학자들은 이미 여러 차례 경고해 왔습니다. 산업화 이전 대비 지구 평균 기온 상승폭이 1.5도를 초과하면, 인간이 통제할 수 없는 수준의 기후재앙이 시작될 수 있다는 점을요.

첫 번째 키워드는 '1.5도 임계치'입니다.

세계기상기구(WMO)에 따르면, 2025년까지 적어도 한 해는 1.5도를 넘을 가능성이 66% 이상으로 분석되고 있습니다. 단순한 숫자가 아니라 인류 생존의 경계선이자 생태계 붕괴의 임계점인 셈이죠. 이 때문에 2025년은 탄소 배출 감축 속도를 기존보다 2배 이상 가속해야 하는 전환점이 될 것입니다.

두 번째는 '탄소국경조정제도(CBAM)'의 본격 시행입니다.

EU는 2026년부터 철강, 알루미늄, 시멘트, 비료, 전기 등 고탄소 수입품에 탄소세를 부과합니다. 2025년은 이를 위한 의무 보고 기간으로, 국내 기업들은 자사 제품의 탄소배출량을 산정하고 보고서를 제출해야 합니다.

한국의 수출 제조업, 특히 철강, 전기전자, 자동차 업계는 공급망 전반의 탈탄소화를 준비하지 않으면 수출 경쟁력에 큰 타격을 입을 수 있습니다.

세 번째는 '기후금융 재편과 블록화 대응'입니다.

미국 트럼프 행정부 2기 출범으로 인해 ESG와 넷제로 금융에서의 후퇴가 나타날 가능성이 높습니다. 실제로 JP모건, 씨티은행 등 일부 글로벌 금융기관은 이미 '넷제로 금융동맹(GFANZ)'에서 이탈했죠. 반면, EU, 일본, 중국은 오히려 기후금융을 국가전략으로 채택하며 '기후 블록화' 현상이 심화되고 있습니다. 한국은 이 사이에서 자국형 기후금융 체계를 정비해야 할 시점입니다. 한국형 녹색분류체계(K-Taxonomy)의 정비, 녹색채권 확대, 공적 금융기관(KDB 등)의 역할 강화가 필요합니다.

네 번째는 'AI와 디지털 기술의 녹색 전환 활용'입니다.

기후예측, 에너지 사용 최적화, 재생에너지 생산량 조정 등에서 인공지능(AI) 기술은 핵심적인 도구로 부상하고 있습니다. 다만, AI 학습 과정에서 발생하는 데이터센터 전력 소비와 온실가스 배출 문제도 함께 고려해야 합니다. 그래서 '디지털 탄소 발자국'을 줄이기 위한 저탄소 알고리즘 개발과 친환경 서버 운영이 병행되어야 한다는 지적도 나오고 있습니다.

마지막 다섯 번째는 '공정한 전환(Just Transition)'입니다.

기후 정책은 사회적 약자에게 불균형한 부담을 지우는 경우가 많습니다. 예를 들어, 석탄발전소 폐쇄는 노동자의 일자리를 위협하고, 탄소세는 에너지 빈곤층에게 상대적으로 더 큰 비용 부담을 안기죠. 이 때문에 노동자 재교육, 지역 전환 프로그램, 에너지 복지와 같은 사회적 안전망이 강화되어야 하고, 시민이 기후 전환의 주체로 참여할 수 있는 구조가 필요합니다.

결국 2025년 기후 대응의 핵심은 '속도'와 '정의로움'을 동시에 확보하는 데 있습니다.

과학적으로는 더 빠르게, 사회적으로는 더 공정하게. 이 두 가지 축이 균형을 이뤄야만 진짜 지속가능한 전환이 가능해질 것입니다. 지금 이 시점에서의 선택이 미래 세대를 위한 '기후 안전판'이 될 수 있을지, 바로 2025년의 전 지구적 과제입니다.

제2부

탄소의 가격, 기후의 비용

: 산업, 농업, 수출이 흔들린다

11.
소득은 느는데, 왜 한국 제품은 덜 팔릴까?

세계 경제가 성장해도, 한국 수출이 예전만 못합니다. 그 이유는 기술력 부족이 아니라 기후대응력 부족입니다. 탄소가 글로벌 교역의 기준이 되고 있습니다.

1) 무더운 9월이 지나가고 시원한 10월을 기대하게 됩니다. 오늘의 주제는 무엇인가요?

네, 오늘은 10월의 첫날인데요. 기분 좋은 이야기로 시작하고 싶지만, 아쉽게도 여전히 기후변화에 대한 경고를 드려야 할 것 같습니다. 최근 나온 연구 결과를 보면, 세계 소득이 늘어날수록 한국 제품이 세계 시장에서 덜 팔린다는 분석이 나왔습니다. 그 배경에는 바로 '탄소중립'이라는 세계적 흐름이 자리하고 있는데요. 특히 미국과 EU의 탄소국경세 도입이 임박하면서 우리 기업들의 부담이 커지고 있습니다. 오늘은 이 '소득 탄력성'과 '글로벌 탄소중립' 이야기를 함께 풀어 보겠습니다.

2) 세계 소득이 늘어나는데 우리 제품은 덜 팔린다니, 무슨 이야기인가요?

네, '소득 탄력성'이라는 경제 지표를 보시면 이해가 쉽습니다. 소득 탄력성은 세계 소득이 1% 늘어날 때 우리나라 수출이 얼마나 증가하는지를 보여 주는 지표인데요. 산업연구원 자료에 따르면, 2015년에는 세계 소득이 1% 증가할 때 한국 수출은 1.35% 증가했습니다. 그런데 2023년에는 이 수치가 1.20%로 떨어졌습니다. 즉, 세계 경제가 성장해도 우리 제품은 예전만큼 선택받지 못하고 있다는 신호입니다.

3) 소득 탄력성이 떨어진 이유는 무엇인가요?

크게 세 가지 이유가 있습니다. 첫째, 글로벌 공급망의 재편인데요. 미국과 중국의 패권 경쟁으로 무역 장벽이 커졌고요. 둘째, 세계 각국의 제조업 강화입니다. 이제 우리만 만드는 제품이 아니게 됐습니다. 그리고 가장 중요한 건, 기후변화 대응 정책의 차이입니다. 특히 전 세계가 탄소 중립에 속도를 내면서 RE100, ESG, 탄소국경세 같은 새로운 기준이 생겨났는데요. 한국 기업들은 여전히 재생에너지 비율이 낮고, 탄소 배출량이 높아서 글로벌 시장에서 외면받고 있는 상황입니다.

4) 탄소중립 규제가 심해지고 있다고 하셨는데, 미국과 유럽의 상황은 어떤가요?

크게 두 가지 흐름이 있습니다. 먼저 미국의 '청정경쟁법(CCA)'입니다. 미국판 탄소국경세인데요, 이르면 2025년부터 시행될 가능성이 큽니다. 이 법이 시행되면, 미국에 수출하는 철강·알루미늄·화학제품 등 12개 품목에 대해 탄소배출량이 많을수록 톤당 55달러(약 7만 4000원)의 부담금을 부과합니다. 이 금액은 매년 5%씩 상승해서 2030년에는 톤당 약 90달러까지 올라갈 전망입니다.

그리고 EU 탄소국경세(CBAM)도 2026년 1월부터 본격 시행되는데요. 현재는 6개 품목(철강, 시멘트, 알루미늄, 비료, 수소, 전기)에만 적용되지만 향후에는 자동차, 배터리 등 다른 품목으로 확대될 계획입니다.

5) 유럽도 강하지만, 미국 규제가 더 무섭다고 하던데요?

맞습니다. EU는 현재 6개 품목, 미국은 12개 품목을 대상으로 하고 있어 파급력이 훨씬 큽니다. 특히 2023년 한국의 대미 수출은 총수출의 18.3%, 무역흑자 규모만 해도 약 60조 원이었는데요. 이제 미국이 탄소국경세를 부과하게 되면 한국 기업들 입장에서는 엄청난 부담금을 안게 되는 거죠.

6) 특히 철강 분야는 타격이 크다고요?

네, 가장 대표적인 산업입니다. 미국 철강은 70%가 전기고로 방식으로 생산돼서 탄소 배출이 적은데, 한국은 반대로 석탄용광로 방식이 70%를 차지하고 있습니다. 대한무역투자진흥공사(KOTRA)에 따르면 한국 철강의 탄소 집약도가 미국보다 약 4배 높다고 합니다. 즉, 미국보다 훨씬 많은 탄소세를 내야 한다는 이야기죠.

7) 중국은 세계 1위 철강 생산국인데, 여긴 문제 없나요?

중국은 미국과의 무역 분쟁 탓에 철강 수출이 미국보다는 적고요. 게다가 최근 중국 지방정부에서는 전기고로 방식을 늘리고 있습니다. 2023년 상반기 중국 신규 철강생산 710만 톤 전부가 전기고로 방식이라는 통계도 있습니다. 탄소국경세에 대한 선제적 대응을 하고 있는 거죠. 반면 우리는 여전히 석탄용광로에 의존하고 있다는 점이 매우 우려스럽습니다.

8) 앞으로 한국이 실제로 내야 할 탄소국경세 규모는 어느 정도로 예측되나요?

대한상공회의소는 한국 철강 산업만 놓고 봐도 2026년부터 10년간 EU에 내야 할 탄소국경세가 약 3조 원에 달할 것으로 예측했습니다. 미국까지 포함하면 이보다 훨씬 큰 규모가 될 수 있고요. 그리고 철강은 단순한 수출품이 아니라, 자동차·배터리·선박 등 전방산업에 파급력이 큰 핵심 소재입니다. 철강 산업이 위축되면 한국 제조업 전반이 흔들릴 수 있습니다.

9) 정부도 손 놓고 있을 수 없을 텐데, 어떤 대책을 내놓고 있나요?

정부도 뒤늦게 대응에 나서고 있습니다. 지난 8월 27일, 산업통상자원부와 대한상공회의소가 함께 '탄소중립 정책협의회'를 출범시켰는데요. 여기서 나온 대책은 탄소 저감 기술 개발, 탄소배출권 거래 확대, 세제와 융자 지원 등입니다. 하지만 전문가들은 "이 정도로는 부족하다"는 지적을 하고 있습니다. 이미 선진국들은 공공조달, 세제, 금융, 기술 R&D까지 총동원하고 있는데, 한국은 아직 명확한 로드맵도, 제도도 부실한 상황입니다.

10) 이 위기를 넘기기 위해 우리는 무엇을 준비해야 할까요? 마무리 말씀 부탁드립니다.

이제는 단순한 무역 이슈가 아니라 기후대응 능력이 곧 경제력인 시대입니다. 정부, 기업, 그리고 시민사회가 함께 재생에너지 사용 확대, 저탄소 기술 개발 투자, 공공기관의 선도적 기후행동을 통해 '탄소중립 시장'을 만드는 역할을 해야 합니다. 지금 우리가 제대로 대응하지 않으면 한국 제품은 글로벌 시장에서 외면받을 수 있습니다.

반대로 잘 대응하면 기후위기를 국가경쟁력 강화의 기회로 바꿀 수 있습니다. 이제는 '탄소 줄이기'가 환경을 위한 선택이 아니라, 살아남기 위한 경제 전략이라는 점을 모두가 기억했으면 합니다.

그린스완의 시대

12.
더위에 지친 경제, 기후가 침투한 한국 산업

에어컨을 틀수록 전력 피크는 치솟고, 농작물 생산성은 하락합니다. 산업 전반에 스며든 기후 스트레스는 한국 경제의 근간을 흔들고 있습니다.

1) 요즘 열대야가 너무 심해서 시민들이 밤잠을 설친다는 소식입니다. 오늘의 주제는 무엇인가요?

네, 정말 그렇습니다. 기상 관측 이래 최장 기간 열대야가 지속되면서 우리 삶은 물론, 경제까지 더위를 먹고 있는 상황인데요. 기상청도『폭염백서』를 발간하겠다고 밝혔습니다. 기후재난이 더 이상 예외가 아닌, 일상이 되었다는 방증입니다. 오늘은 이런 기후변화가 우리 경제에 어떤 영향을 미치는지, 특히 생산성, 물가, 에너지 구조 전환의 필요성까지 함께 살펴보겠습니다.

2) 매년 "역대급 더위"라는 말이 반복되죠. 혹시 지금이 가장 시원한 여름으로 기억될 수도 있을까요?

맞습니다. 우리가 매년 듣는 "역대급 더위"라는 말이 이제는 과거가 아닌 미래의 기준선이 될지도 모른다는 우려가 커지고 있습니다. 통계적으로도 그 징후가 뚜렷합니다.

2023년 전 세계 평균 기온은 산업화 이전보다 1.48도 상승했습니다. 그리고 2023년 8월부터 2024년 7월까지의 12개월 평균은 무려 1.64도 상승한 것으로 확인됐습니다. 이는 2015년 파리기후협정(COP21)에서 합의한 '1.5도 상승 제한'이라는 기후재앙의 마지노선을 이미 일시적으로 넘어섰다는 뜻이죠.

우리가 겪고 있는 이 무더위가 앞으로 도래할 '일상적인 여름' 중 가장 시원했던 여름이 될 수 있다는 겁니다. 이는 IPCC(기후변화에 관한 정부 간 협의체)나 세계기상기구(WMO)가 "앞으로 수십 년간은 더위의 기준선 자체가 올라갈 것이다."라고 지속적으로 경고해 온 내용이기도 해요.

왜 이렇게 심각한 걸까요? 기후 시스템이 이미 임계점을 넘기 시작했다는 징후입니다. 북극 해빙, 영구동토층, 열대우림 등 주요 생태계의 자정 능력이 빠르게 약화되고 있습니다. 이로 인해 탄소 흡수 능력이 줄고, 기후 가속화(Feedback Loop)가 일어납니다. 특히 2023년~2025년 엘니뇨 현상은 자연적인 기후변동성까지 겹치면서 기록적인 고온 현상이 지속되고 있습니다.

이제는 "더 더워지기 전에 막자"는 표현보다, "얼마나 더 나빠지는 걸 늦출 수 있을 것인가"로 접근해야 하는 단계에 접어들었습니다. 1.5도 시대의 현실은 더 이상 '가능성'이 아닌 '진입한 상태'입니다. 결론적으로, 지금 우리가 느끼는 여름은 미래 세대에게는 '시원했던 시절'로 기억될 수 있습니다. 더는 익숙해질 수 없는 '더위'에 대비하고, 행동해야 할 때입니다.

3) 그러니까 1.5도가 넘으면 큰일 난다고 했던 게 현실이 된 거군요?

네, 맞습니다. 국제기구들은 10년 단위 평균 상승폭을 중요하게 보는데요. 미국 국립해양대기관리국(NOAA) 자료에 따르면 1880년~1980년까지는 10년에 0.08도, 그런데 1981년 이후는 0.18도로 2배 이상 빠르게 상승하고 있습니다. 지금처럼 상승세가 지속되면 매년 "역대 최고 기온"이 갱신될 가능성이 높아지고, 폭염이 일상이 되는 시대가 현실이 됩니다.

4) 이렇게 되면 일상생활에도 큰 변화가 생기겠네요. 특히 어떤 영향이 걱정되나요?

두 가지가 가장 큽니다. 첫째는 노동 생산성 감소, 둘째는 식탁물가 폭등, 즉 기후플레이션(Climate-flation)[1]입니다. 또 하나 요즘 자주 들리는 말이 애그플레이션(Agflation)[2]인데요. 농업 생산성이 떨어지면서 식료품 가격이 상승하고, 그 여파로 전체 물가까지 덩달아 오르는 현상입니다. 기후변화가 경제 전반에 파급되는 대표적인 사례죠. 국내도 그렇고 유럽 중앙은행도 결국 기후변화가 농산물 물가 상승으로 이어져 상당히 우려된다는 보고를 지속적으로 내놓고 있습니다. 이것이 인구 감소와 함께 2024년 우리 농업 농촌의 가장 큰 위험 요소가 되고 있습니다.

---

1) 기후와 인플레이션의 합성어로 기후변화로 인한 물가 상승을 의미
2) 농업과 인플레이션의 합성어로 먹거리 가격이 급격하게 상승해서 일반 물가가 상승하는 것을 의미

5) 실제로 국내 산업과 물가에도 그런 영향이 나타나고 있나요?

네, 맞습니다. 실제로 기후변화는 우리나라 산업과 물가에 이미 '직접적인 타격'을 주고 있습니다. 『2024년 7월 이상기후와 실물경제』 보고서 핵심 내용을 보면, 2000년 이전까지는 이상기후가 산업생산에 미치는 영향이 통계적으로 뚜렷하지 않았습니다. 하지만 2001년 이후부터는 본격적으로 이상기후가 산업생산, 물가 등 실물경제 전반에 부정적인 영향을 주기 시작한 것으로 나타났습니다.

2001년 이후부터 영향이 커졌던 이유는 기후의 불규칙성 증가로 평균기온 상승뿐만 아니라, 폭염·한파·집중호우 등 이상기후의 빈도와 강도가 증가했습니다. 그리고 산업 구조의 변화로 인해 에너지·운송·제조업의 기후 민감도가 높아졌고, 농업·건설업 등 실외활동 중심 산업이 특히 영향을 받기 시작했습니다.

[주요 영향 사례]

분야	이상기후 영향
농업	폭염·장마로 인한 작황 부진 → 식량 수급 불안정 → 농산물 물가 급등
제조업	물류 차질 및 작업 중단 → 생산량 감소
건설업	폭우·폭염으로 공사 중단 빈발 → 프로젝트 지연, 비용 증가
소비자물가	농산물·에너지·식료품 가격 상승 → 전반적인 물가 상승 압력

통계적으로 기온이 1도 오르면 산업생산이 평균 0.13% 하락, 소비자물가는 0.09% 상승하는 것으로 추정됩니다. 이는 기후위기가 단순한 환경 문제가 아니라 경제 성장률, 인플레이션, 생산성에까지 영향을 미치는 거

시경제 이슈임을 뜻합니다.

따라서 기후변화는 한국 경제에 더 이상 외부 변수나 잠재 리스크가 아닌 '현재진행형 리스크'입니다. 따라서 산업계는 물론 정부, 금융기관도 기후리스크를 반영한 정책과 전략, 재무예측을 본격화해야 합니다.

결론적으로, "더울수록 물가가 오른다"는 말은 단순한 감각이 아니라 과학적, 경제적 사실이 되어 가고 있습니다.

6) 어떤 기준으로 분석한 내용인가요?

기후위험지수(CRI)를 기준으로 이상고온, 이상저온, 강수량, 가뭄, 해수면 상승 등 이렇게 5가지 기후요인과 산업생산·소비자물가 간의 상관관계를 분석한 겁니다. 결과적으로 산업생산은 기후 충격 후 1년 안에 0.6%p 감소, 소비자물가는 3개월 후 0.03%p 상승, 그중 채소류는 0.32%p, 식료품 0.18%p 올랐다고 합니다. 특히 2023년 이후 월별 소비자 물가상승률에 대한 요인별 기여도를 분석해 보면 이상기후가 평균 약 10%를 차지했습니다. 산업별로는 농림어업이 -1.1% 포인트, 건설업은 -0.4% 포인트가 성장에 부정적인 영향을 끼쳤다고 합니다.

7) 지구 온도가 오르면 물가가 오른다... 통계적으로도 확인된 셈이네요?

네, 정확히 그렇습니다. 한국은행에 따르면 국내 기온이 1도 오르면 농산물 가격은 평균 2%, 전체 소비자 물가는 0.7% 상승한다고 합니다. 국제적으로는 온도 1도 상승 시 국제 농산물 가격은 연평균 3.2%씩 증가할 것으로 예측됐고요. 세계 GDP는 최대 12% 감소할 수 있다는 전망도 나왔습니다. 이렇게 유럽 중앙은행 연구 결과도 기후변화와 물가 간의 상관관계를 지속적으로 관찰하고 분석하고 있습니다. 이런 상황에서 개인 소비자로서 우려가 됩니다.

8) 그래서 전 세계가 2050년 넷제로(Net-Zero)를 외치고 있는 거죠?

네, 맞습니다. 기후변화로 인한 경제 손실을 막기 위한 최소한의 조치입니다. 맥킨지 보고서에 따르면, 2050년까지 넷제로를 달성하려면 매년 약 3.5조 달러(약 4,200조 원)의 추가 지출이 필요하다고 합니다. 전체 비용은 275조 달러(약 33경 원)에 이를 전망이고요. 하지만 이는 지출이 아니라 투자로 봐야 합니다. 에너지 전환을 통해서 새로운 산업과 일자리, 경제 혁신의 기회를 만들 수 있기 때문이죠.

9) 우리나라는 제조업 중심이라 더 어렵지 않을까요?

맞습니다. 우리는 화석연료 수입 → 제조 → 수출 구조에 의존하고 있습니다. 즉, 에너지 집약적 경제모델이죠. 하지만 이런 구조는 탄소국경조정제도(CBAM) 같은 글로벌 규제와 RE100(재생에너지 100%) 요구에 대응하지 못하면 국제 경쟁력을 잃는 결과로 이어질 수 있습니다.

10) 글로벌 기업들은 이미 재생에너지 전환을 요구하고 있죠? 마무리 말씀 부탁드립니다.

네, 맞습니다. 글로벌 기업들은 이제 '재생에너지 사용'을 공급망의 핵심 조건으로 삼고 있습니다. RE100 시대에 글로벌 기업의 요구를 살펴보면, RE100은 'Renewable Energy 100%'의 약자로, 기업이 자신의 사용 전력 전량을 재생에너지로 조달하겠다는 국제 캠페인입니다. 애플, 구글, 마이크로소프트, 아마존 등은 이미 100% 달성하거나, 공급업체까지 확대 적용하고 있습니다. 이들은 단지 본사만이 아니라 부품·소재를 공급하는 협력사에도 재생에너지 사용을 요구하고 있는데요, 이를 지키지 못하면 납품 계약이 중단되거나, 거래에서 제외될 수 있습니다.

하지만 한국의 현실은 아직 낮은 재생에너지 비율입니다. 우리나라 기업의 평균 재생에너지 사용 비중은 약 5% 수준, OECD 38개국 중 최하위권이며, 전력구매계약(PPA) 제도와 REC(신재생공급인증서) 시장도 아직 활성화되지 않은 상황입니다. 삼성전자조차 해외 공장에서는 RE100을 달성했지만, 국내 공장에서는 제약이 많아 아직 도전 중입니다.

이제는 에너지 무역장벽으로 새로운 수출 리스크가 발생하게 되었습니다. 유럽의 탄소국경조정제도(CBAM), 미국의 IRA법(인플레이션 감축법)은 탄소배출량이 많은 제품에 추가 비용을 부과하거나 보조금·세금 혜택에서 제외시키는 규제를 도입 중입니다. 에너지원의 탄소 강도(Carbon Intensity)가 높으면 한국산 제품이 가격 경쟁력에서 밀리고, 글로벌 공급망에서 배제될 수 있는 위험도 커지고 있습니다.

이제는 "기후가 곧 경제"인 시대입니다. 기후위기는 막아야 할 재난인 동시에, 전환을 준비한 기업에게는 기회입니다. 정부는 정책적 인센티브, 기업은 기술 혁신과 전환 투자, 금융기관은 ESG 금융과 기후리스크 평가, 그리고 시민은 친환경 소비와 참여로 연결되어야 합니다.

기후가 바뀌면, 경제도 바뀝니다. 이제는 '기후 리스크'가 아니라 '기후 대전환'입니다. 더 늦기 전에 움직여야 합니다. 기후를 견디는 가장 현명한 방법은, 기후를 바꾸는 것입니다. 그리고 그 변화는 지금, 바로 우리의 선택에서 시작됩니다.

13.
보이지 않는 세금:
기후로 인한 비용이 늘고 있다

태풍, 홍수, 가뭄으로 인한 복구비용과 보험료 상승, 공급망 차질… 기후위기는 이미 우리 지갑에서 돈을 빼 가고 있습니다.

1) 오늘의 주제는 무엇인가요?

네, 오늘은 기후변화가 경제에 미치는 영향에 대해 이야기해 보려 합니다. 최근엔 지구 자전 속도가 느려져서 하루가 미세하게 길어지고 있다는 국제 연구 결과도 나왔고요. 또 여름 휴가철을 앞두고 모기 개체 수 증가와 전염병 확산 우려도 커지고 있는데요. 이처럼 기후변화는 지구의 움직임부터 산업, 공중보건, 소비까지 광범위하게 영향을 주고 있습니다. 오늘 함께 살펴보시죠.

2) 하루가 길어진다니 흥미롭기도 하지만, 그 배경은 조금 무섭네요?

네, 흥미롭지만 사실 알고 보면 꽤 충격적인 이야기입니다. 최근 스위스 취리히공대와 NASA 제트추진연구소의 공동 연구팀이 기후변화로 인한 해수면 상승이 지구 자전 속도에까지 영향을 미치고 있다는 분석 결과를 발표했는데요. 이 연구는 미국 국립과학원회보(PNAS)에 실렸습니다.

구체적으로 말씀드리면, 지난 100년간 하루가 평균 0.3~1.0밀리초(ms) 정도 길어졌다는 건데요. 이는 바닷물이 빙하에서 녹아내려 해수면이 상승하고, 지구의 질량 분포가 변하면서 지구 자전이 아주 미세하게 느려졌기 때문입니다. 즉, 기후변화가 지구 시간의 리듬까지 바꾸고 있는 것이죠.

하루의 길이가 1밀리초 늘어나는 게 체감되지는 않지만, 이런 변화는 위성 항법 시스템, 정밀 기기, 천문학 등 시간에 민감한 과학 분야에는 영향을 줄 수 있고요. 무엇보다 지구 시스템 전체가 균형을 잃고 있다는 경고로 해석할 수 있습니다.

다시 말해, 단순히 해수면만 오르는 게 아니라 지구의 '회전'마저 느려지게 만들 정도로, 기후위기의 물리적 영향이 전방위적으로 퍼지고 있다는 점에서 우리가 주목해야 할 변화입니다.

3) 지구 자전 속도가 느려졌다는 건데, 쉽게 설명해 주신다면요?

네, 아주 좋은 질문이신데요. 조금 더 쉽게 설명해 드릴게요.

빙하가 녹으면서 바닷물의 양이 늘어나죠? 그런데 이 물이 그냥 고르게 퍼지는 게 아니라 지구의 적도 방향, 그러니까 중심에서 가장 넓은 부분으로 질량이 몰리게 돼요. 이렇게 되면 지구의 무게 중심이 바깥쪽으로 퍼지게 되고, 지구의 모양이 약간 더 '납작한 공처럼 뚱뚱해지는' 현상이 생깁니다.

이때 중요한 게 바로 '각운동량 보존 법칙'인데요. 쉽게 말해, 피겨 스케

그린스완의 시대

이팅 선수가 회전할 때 팔을 벌리면 속도가 느려지고, 팔을 모으면 빨라지잖아요? 지구도 마찬가지입니다. 질량이 바깥으로 퍼지면 회전 속도는 느려질 수밖에 없는 구조인 거죠.

결과적으로 지구의 자전이 아주 조금씩 느려지고, 그만큼 하루의 길이도 몇 밀리초씩 길어지고 있다는 것입니다. 이건 사람은 체감하기 어렵지만, 위성 시간이나 정밀 항법장치엔 상당히 중요한 변화가 될 수 있고요, 무엇보다 기후위기의 영향이 시간과 물리 구조까지 건드리고 있다는 점에서 무섭고도 중요한 신호라고 할 수 있겠습니다.

4) 이렇게 미세한 변화가 실제 생활에 영향을 미치나요?

네, 사실상 대부분의 사람은 체감하기 어렵지만, ICT 산업, 금융 시스템, 항공·위성 기술 등 정확한 시간이 필수적인 분야에서는 큰 혼란을 줄 수 있습니다. 예를 들어, 초 단위의 오차가 생기면 금융 거래 시간 불일치, 위성 통신 오류, 항법 시스템 오류 같은 문제가 발생할 수 있죠. 기후변화가 기술 기반 사회의 '시계'까지 흔들고 있다는 의미입니다.

5) 최근 독일에선 모기 때문에 요식업계가 타격을 입었다는 보도가 있었어요?

네, 그렇습니다. 독일에서는 최근 모기 개체 수가 급증하면서 야외 테이블 매출이 급감하고 있다고 해요. 한창 맥주가 잘 팔릴 시기인데, 손님들이 모기 때문에 야외 자리를 꺼리는 겁니다. 약국에서는 모기 퇴치제 품절 사태가 벌어지고 있고, 지방정부가 방역에 나섰지만 기후변화로 생긴 높은 기온과 잦은 국지성 홍수 때문에 모기 번식 속도를 따라가지 못하고 있다는 겁니다.

6) 세계보건기구에서도 모기 전염병에 대한 경고를 했죠?

네, 현재 기후 위기로 대부분의 생명체들이 위협을 받고 있는데요. 모기들은 기후변화로 인해서 더 빈번하고 더 심한 폭염이 발생하고, 폭풍과 홍수로 고인 물 웅덩이가 많아지면서 완전 살판이 났습니다. WHO는 기후변화로 인해 모기 활동 기간과 서식지가 확대되고 있으며, 말라리아, 뎅기열 같은 모기 매개 전염병이 북상할 수 있다고 경고하고 있습니다.

우리나라에서도 최근 말라리아를 옮기는 '얼룩날개모기'가 확인됐고요. 특히 동남아시아 여행 후 감염되는 사례가 늘고 있는데, 문제는 국내엔 말라리아 백신이나 치료제가 부족하다는 점입니다. 여행 후에도 의심 증상이 있다면 반드시 확인이 필요하고, 장기적으로는 모기 감시·모니터링 체계와 기후 적응 보건 시스템 강화가 시급합니다.

7) 도깨비 장마, 폭염… 농작물 피해도 큰데요. 식탁 물가 걱정입니다.

네, 정말 걱정되는 상황입니다. 요즘처럼 짧고 강한 집중호우, 이른바 '도깨비 장마'와 그 뒤를 잇는 극심한 폭염은 단순한 날씨 이상 현상이 아니라, 우리 농산물 수급과 식탁 물가에 직접적인 영향을 주는 요인이 되고 있습니다.

그린스완의 시대

특히 전북 익산처럼 상추, 깻잎, 시금치 같은 잎채소 주산지의 피해가 컸는데요. 일단 비가 갑자기 많이 오면, 잎채소는 잎이 상하거나 썩기 쉬워서 상품성이 급격히 떨어지고, 이후 폭염으로 생장 속도도 둔화되면서 출하량이 줄어듭니다.

실제로 최근 침수된 농경지 면적만 축구장 약 1900개 규모, 오이, 수박, 참외, 토마토 같은 주요 작물 가격도 평균 15~40%가량 상승했다고 농림축산식품부가 발표했어요. 이렇게 기후 불안정성이 곧바로 작황 불안 → 물가 상승 → 소비자 부담으로 이어지고 있는 것이죠.

게다가 장기적으로는 기후플레이션(climateflation), 즉 기후변화로 인한 물가 상승이 만성화될 가능성도 제기되고 있습니다. 따라서 단순히 일시적 기상 현상이 아닌, 기후 위기에 따른 식량위기 대비 전략을 정부와 지방자치단체, 농업계가 함께 마련할 필요가 커졌습니다.

기후 대응형 품종 개발, 농가 기후 보험 확대, 도시형 식량 자립 시스템도 함께 논의돼야 할 시점입니다.

8) 2024년 7월 윤석열 대통령이 농촌 구조 개혁과 스마트 농업을 언급했는데, 어떤 흐름인가요?

기후위기로 인해 농업 생산성과 공급 안정성이 흔들리면서, 정책 차원에서도 '기후 대응형 농업'으로의 전환이 필요해진 상황입니다. 미국은 '농업법(Farm Bill)'에 '국가안보' 개념을 처음으로 포함시켰고요. 우리나라도 '스마트농업 육성법'을 2022년에 제정해, 2024년 7월부터 시행 중입니다. 스마트농업은 ICT 기술을 활용해 온실·논·밭을 자동 제어하고, 기후에 따라 재배 전략을 실시간 조정할 수 있는 첨단 농업 방식입니다. 기후 변화 시대에 꼭 필요한 농업 혁신이죠. 특히 우리나라 농민들의 고령화가 심각하고 후계 영농인이 부족한 상황에서 그리고 무엇보다도 기후변화로 인해 스마트농업의 중요성이 부각되고 있습니다.

9) 사과 한 알이 만 원이 되는 시대… 기후플레이션 걱정입니다. 마무리 말씀 부탁드릴게요.

네, 기후변화는 생산 차질을 유발해 식품 가격을 끌어올리는 '기후플레이션'을 초래하고 있습니다. 한국의 2024년 2월 식료품 및 비주류 음료 물가 상승률은 6.95%, OECD 평균(5.32%)보다 훨씬 높은 수준입니다. 문제는 이제 시작일 수 있다는 점이에요. 세계 곳곳에서 가뭄, 폭우, 이상기온이 빈발하면서 식량 인플레이션이 일상화되고 있습니다.

기후변화로 인한 작황부진이 인플레이션을 발생시키는 기후플레이션으로 인해 연간 3% 포인트씩 증가할 수 있다는 보고가 있습니다. 중앙은행의 고민이 깊어지고 있습니다. 바로 물가 잡기가 존재의 이유이기 때문인데요. 물가가 상승하는 시기에 금리 인상을 고민해야 하지만 지금 경제 상황에서 다른 부작용이 따를 수 있습니다.

그리고 2022년 세계식량안보지수(GFSI)에서 한국은 '정책 이행력' 항목에서 0점, 전체 순위는 OECD 중 최하위권(39위)를 기록했습니다. 기후위기는 기후만의 문제가 아닙니다. 먹거리, 생존, 경제, 사회 모든 분야를 흔드는 리스크입니다. 이제는 대응이 아니라 선제 준비와 혁신이 필요한 시점입니다.

그린스완의 시대

14.
기후를 외면하는 건 경제를 망치는 지름길

기후 리스크는 재무 리스크입니다. 이를 무시한 정책과 투자는 결국 가장 값비싼 실패로 돌아옵니다.

1) 오늘의 주제는 무엇인가요?

네, 오늘은 기후변화를 단순히 환경 문제가 아니라 경제의 문제로 바라보는 시각에 대해 이야기해 보려고 합니다. 최근 2024년 브라질 리우데자네이루에서 열린 G20 재무장관·중앙은행 총재 회의에서 재닛 옐런 미국 재무장관이 기후변화를 외면하는 건 "나쁜 환경 정책이자, 나쁜 경제 정책이다."라고 말했습니다. 기후변화 대응을 위해 연 3조 달러(약 4167조 원)이 더 필요하다고 주장했습니다. 그만큼 기후위기 대응은 21세기 최대의 경제 기회이자 필수 과제로 떠오른 거죠. 또한 최근 일본뇌염 경보 발령, 기후변화 대응 농업연구단지 조성, 그리고 생활밀착형 숲 조성 소식도 함께 전해 드리겠습니다.

2) 일본뇌염 경보라니요… 무서운 소식입니다. 자세히 알려 주세요.

네, 최근 전남 완도에서 채집된 모기 중 약 58%가 일본뇌염 매개 모기로 확인되면서, 질병관리청이 일본뇌염 경보를 발령했습니다. 2024년 3월에도 작은빨간집모기가 제주와 전남 지역에서 처음 전체 채집 모기(1천 439마리)의 58.4%(841마리)로 확인되면서 주의보가 먼저 내려졌었는데요. 이제는 경보 단계로 격상된 상황입니다.

3) 결국 이 모기 이슈도 기후변화와 관련이 있는 거죠?

네, 정확히 말씀하셨습니다. 모기 출현 시기와 개체 수의 변화도 명백한 기후변화의 결과라고 볼 수 있습니다. 2024년 들어 남부 지방을 중심으로 봄 기온이 예년보다 2~3도 높게 관측되었고, 여기에 짧고 강한 집중호우가 반복되면서 기온 상승과 습도 증가라는 모기에게 최적의 조건이 만들어졌습니다.

특히 작은빨간집모기는 따뜻하고 습한 환경에서 빠르게 번식하는 특징이 있는데요, 2024년 올해는 모기 발생 시기가 평년보다 약 3주 앞당겨졌고, 밀도도 크게 증가했다는 것이 방역 당국의 분석입니다. 이로 인해 일본뇌염, 지카바이러스, 뎅기열과 같은 감염병의 국내 발생 가능성도 현실적인 우려로 떠오르고 있습니다. 질병관리청은 이미 작은빨간집모기에서 일본뇌염 바이러스가 확인되었다며 주의보를 발령한 상황이죠.

따라서 개인 차원에서도 야외 활동 시 긴 옷 착용, 모기 기피제 사용, 집 주변 고인 물 제거, 방충망 점검 등 개인 방역과 위생 관리가 그 어느 때보다 중요합니다. 그리고 더 근본적으로는, 기후변화가 곧 건강 위협 요인이 되고 있다는 인식 전환이 필요합니다. 모기 문제는 단순한 여름 불청

객이 아니라, 기후위기가 일상 건강을 위협하는 방식 중 하나라는 점에서 정부 차원의 기후·보건 통합 정책이 시급히 마련돼야 합니다.

4) 전남 해남에 기후변화 대응 농업연구단지가 들어선다고요?

맞습니다. 전남 해남에 들어설 이 기후변화 대응 농업연구단지는 앞으로 한국 농업의 미래를 책임질 핵심 거점이 될 전망입니다. 기후변화로 인해 평균 기온이 상승하면서, 우리나라의 농업 환경은 빠르게 아열대화되고 있습니다.

특히 벼, 사과, 배, 감귤 같은 기존 주요 작물들의 생육 조건이 변화하거나 병해충 피해가 증가하는 등 기존 방식으로는 안정적인 생산이 어려워지고 있는데요, 이러한 문제에 대응하기 위한 전국 최초의 대규모 기후농업 특화 연구 클러스터가 바로 해남에 조성되는 것입니다.

구분	내용
위치	전라남도 해남군 삼산면 일대
규모	약 60헥타르(약 180,000평)
완공 목표	2027년
주요 기관	- 국립농식품기후변화대응센터- 과수연구소 분원 - 지역특화작목 연구소
주요 기능	- 아열대 작물 시험 재배 및 품종 개발- 기후적응형 농업기술 연구 및 보급 - 병해충 예측 및 방제 모델 개발- 농업용 수자원 관리 기술 연구
도입 작물 예시	바나나, 파파야, 구아바, 망고 등 아열대 작물
기대 효과	- 기후변화 대응형 작물 전환 및 농가 안정성 제고- 지역농업의 지속가능성 강화 - 기술 실증 및 농가 보급 체계 구축

또한, 단순히 연구에 그치지 않고, 농가에 기술을 실증하고 보급하는 연결 시스템도 함께 구축돼 기후위기에 대응하는 지속가능한 농업 모델의 전진기지가 될 것으로 기대됩니다.

이런 변화는 단순한 연구소 건립을 넘어, 기후변화에 선제적으로 대응하는 지역경제와 농업구조 전환의 시작점이라 할 수 있습니다. 앞으로는 해남뿐 아니라 기후 영향을 크게 받는 다른 지역에도 기후적응형 농업 인프라 구축이 확대될 필요가 있겠죠.

5) 농업뿐 아니라 식탁과 장바구니에도 큰 영향을 주겠군요?

맞습니다. 기후변화는 단순히 날씨 문제가 아니라, 우리 식탁과 장바구니 물가에 직결되는 생존의 문제입니다.

분야	기후변화의 영향
농업 생산	폭염, 가뭄, 집중호우로 작황 불안정 → 수확량 감소, 생산비 증가
해양 자원	수온 상승으로 주요 어종 북상·감소 → 벌교 참꼬막, 오징어 등 어획량 급감
식품 가격	공급 불안으로 채소·과일·수산물 가격 급등 → 식탁 물가 상승
식품 안전성	병해충 증가, 곰팡이·세균 번식 등으로 식중독 위험 증가 → 보관 유통 조건 관리 필요
소비자 부담	저소득층 식비 비중 상승, 기후로 인한 물가 변동에 취약
정책 대응	기후적응형 농업기술 보급, 아열대 작물 개발, 스마트팜 확대, 탄소중립형 유통 체계 필요

최근 2024년 여름, '도깨비 장마'와 폭염으로 상추, 깻잎, 시금치 등 채소 가격이 40% 이상 급등했고, 해남 지역 수박은 침수 피해로 출하량 급감,

가격은 2배 이상 상승했습니다. 벌교 참꼬막이 수온 상승과 남획으로 멸종 위기에 처했다는 보도도 있었는데요.

이제는 기후변화 대응이 곧 국가 농식품 산업의 미래 전략으로 떠오르고 있습니다. 이제 기후위기 대응은 '농민의 생계'는 물론, 우리 모두의 먹거리 안보와 가계경제 안정을 위한 핵심 전략입니다. 정부의 농업·수산 정책도 이제는 기후변화를 중심에 둔 체질 전환이 시급한 시점입니다.

6) 새만금도 기후대응형 농업의 중심지가 될 수 있을까요?

네, 정확합니다. 새만금은 대한민국이 기후위기에 대응하면서 농업의 미래 전략을 실현할 수 있는 핵심 지역으로 주목받고 있습니다. 특히 다음과 같은 점에서 기후대응형 농업의 중심지가 될 잠재력을 지니고 있습니다.

항목	내용
면적	약 4만 헥타르 규모(여의도 140배)
주요 계획	- 복합 곡물 단지- 기능성 작물 단지 - 스마트농업 클러스터 - 탄소중립 농업 실증지구
기후대응형 특징	- 아열대 작물 시험 재배 가능 - 해수면 상승에 대응한 간척지 농업 기술 개발 - 기후변화에 강한 품종 및 재배법 실증
스마트농업 요소	- 자동화된 재배 및 수확 시스템 - AI 기반 병해충 예측- ICT 융합 온실 및 데이터 농장
정책 연계	- 국립농식품기후변화대응센터(해남)와 기술 연계 가능 - K-푸드, K-농업 수출 전진기지화 기대

새만금은 단순한 농업 단지를 넘어서, "기후위기 대응형 글로벌 농업 혁신 허브"로 도약할 수 있습니다. 기후변화 시대의 핵심 키워드인 '식량 안보'와 '지속가능한 농업'을 선도하는 공간으로, 국제 공동 연구, 친환경 농산물 수출, 탄소 저감형 농업기술의 실증지로 발전시켜야 합니다. 따라서 "기후위기 시대, 새만금은 단순한 개발을 넘어 지속가능한 미래 농업의 테스트베드로 설계돼야 합니다."

7) 생활 밀착형 숲도 기후 대응의 하나라고요?

네, 최근 전남 완도군 노화읍 건강테마촌 주변에 생활밀착형 숲이 조성됐습니다. 이 숲은 단순한 공원이 아니라, 기후변화 대응, 미세먼지 저감, 그리고 정원문화 활성화까지 다양한 목적을 담고 있어요. 주민들 의견을 반영해 다양한 수종을 식재하고, 문화공간까지 조성해 기후 위기 속에서도 지속가능한 삶의 질을 높이고자 하는 시도입니다.

8) 나무가 기후 위기를 해결하는 데 중요한 역할을 한다는 말씀이군요?

맞습니다. 나무는 기후위기 대응의 가장 자연적이고 효과적인 수단 중 하나입니다. 하지만 우리가 배출하는 탄소량에 비해 나무 한 그루가 감당할 수 있는 탄소 흡수량은 제한적이기 때문에, 산림 보호와 확산만으로는 충분하지 않다는 점도 함께 인식해야 합니다.

항목	수치/내용
나무 1그루의 연간 기능	- 이산화탄소 흡수량: 약 2.5톤 - 산소 배출량: 약 1.8톤 - 미세먼지 제거: 약 35.7g
1인당 연간 탄소 배출량 (2019, 대한민국)	약 58.6kg(※ 숨쉬기만 해도)
전 국민 기준 연간 탄소 배출량 (숨쉬기만 해도)	약 303만 톤
산림의 한계	- 현재 대한민국 산림이 흡수 가능한 이산화탄소는 연간 약 4,500만 톤 수준 - 전체 온실가스 배출량의 6~7%에 불과
시사점	나무는 강력한 흡수원이지만, 줄이는 것이 먼저입니다. 즉, 감축(감탄소) + 흡수(탄소 흡수원 확보)가 병행되어야 함

나무는 기후위기 대응의 훌륭한 파트너지만, 무분별한 배출을 줄이는 것이 먼저입니다. 산림 확충과 함께, 산림 파괴 방지, 도시 숲 조성, 목재 순환 이용 확대도 중요한 전략이죠. "기후위기 대응에서 나무는 '숨을 쉬게 하는 존재'입니다. 하지만 우리가 쉬는 숨만큼 줄여야, 그 나무들이 살 수 있습니다."

9) 단순히 나무만 많이 심는다고 해결되진 않겠네요?

맞습니다. 기후위기 대응을 위해 나무를 많이 심는 것은 분명 필요하지만, '숫자'보다 더 중요한 건 '질'과 '구성'입니다. 단순히 무작정 나무를 심는 방식은 오히려 생태계에 부담을 줄 수 있고, 기대했던 탄소 흡수 효과도 제대로 나타나지 않을 수 있습니다.

[단순 조림의 한계와 생태적 고려 사항]

항목	설명
한국의 산림 면적	전체 국토의 63%(약 637만 ha)
현재보다 필요한 나무 수	탄소중립 달성을 위해서는 16배 이상 더 많은 탄소 흡수원이 필요(한국환경정책평가연구원 추정)
수종별 탄소 흡수량 차이	- 편백나무: 연간 5.9kg(탄소 흡수 적음) - 상수리나무: 30년생 기준 연간 14.4kg(흡수량 비교적 높음)
단일 수종 조림의 문제점	- 병충해 위험 증가(단일 품종 취약성) - 토양산성화 및 지하수 고갈 가능 - 생물다양성 저해

지속가능한 산림 탄소 흡수 전략으로는 혼효림 조성이 필요합니다, 다양한 수종을 썪어 심어 병해충 저항성과 생태 안정성을 확보해야 하고요. 지역별 기후와 토양에 맞는 수종을 선택해서 생존율과 탄소 흡수 효율을 높이는 과학적 조림이 필요합니다. 또한 산림관리와 순환 활용을 병행해서 건강한 숲을 유지하면서 목재 활용 후 재조림으로 탄소 저장 지속화와 도시 숲 및 생활권 녹지를 확대해야 합니다. 열섬현상을 완화와 지역 기반 탄소중립을 실현해야 되는 것이죠.

"숲은 그냥 많다고 좋은 것이 아니라, 건강하게 다양해야 탄소를 오래 담을 수 있습니다." 기후위기에 맞선 조림 정책은 이제 '숫자 경쟁'이 아닌 '지속가능한 산림 생태계 회복'으로 전환되어야 합니다. 탄소중립의 열쇠는 자연의 다양성과 조화를 이해하는 데 있습니다.

10) 그럼 어떤 접근이 필요할까요? 마무리 말씀 부탁드립니다.

기후 위기 시대에 산림의 역할은 매우 중요하지만, 그 자체로는 한계가 있습니다. 진짜 해법은 탄소배출을 줄이는 것인데요. 특히 산업과 교통 분야의 구조 전환, 음식물 쓰레기 줄이기, 대중교통 이용 늘리기 같은 일상의 작은 실천이 훨씬 효율적입니다. 기후위기는 나중이 아니라 지금 대응해야 할 문제고, 우리가 외면하면 경제도, 건강도, 식탁도 위험해진다는 걸 잊지 말아야겠습니다.

15.
탄소는 비용이 아니다, 미래에 대한 투자다

탄소 감축은 벌금이 아니라 기회입니다. 기업과 국가는 이제 '탄소 효율'이 곧 경쟁력이 되는 시대를 맞고 있습니다.

1) 최근 미국 LA 대형 산불이 기후변화로 지목되고 있습니다. 미국과 한국 모두 산불과 같은 기후재난을 겪고 있는데요. 지금 우리에겐 어떤 준비가 필요할까요?

네, 최근 미국 LA 산불은 올해 들어 가장 파괴적인 산불 중 하나로 기록되고 있습니다. 기후변화로 인해 산불 위험 시즌이 더 길어지고, 강풍과 고온·건조한 기상 조건이 겹치면서 피해가 커지고 있죠. 우리나라도 강릉, 양양, 밀양 등 산불이 이어지고 있고요. 기후변화는 단지 '환경 문제'가 아니라 '경제 시스템 전체'를 흔들고 있는 상황입니다. 그래서 오늘은 이와 연결된 기후금융, 즉 우리가 미래를 준비하기 위해 어디에 돈을 써야 하는지 이야기해 보겠습니다.

2) '기후금융'이라는 용어, 아직 생소한 분들도 계실 것 같습니다. 구체적

기후금융은 간단히 말해서 기후변화 대응에 투자하는 자금 흐름입니다. 탄소 감축 기술 개발, 재생에너지 전환, 기후취약 국가 지원 등과 같은 분야에 들어가는 공공·민간 자금을 포함하죠. 예를 들면, 그린본드(green bond)를 발행해서 태양광 발전소를 짓는다든가, 석탄화력발전소 폐쇄에 필요한 공적 지원금을 제공하는 것 모두 기후금융입니다.

3) 그런데 트럼프 대통령 2기 출범과 함께 기후금융이 후퇴할 것이란 우려가 나오고 있어요. 이유가 뭘까요?

트럼프 전 대통령은 1기 때도 파리기후협정을 탈퇴했고, ESG 투자를 정치적 이념으로 공격했습니다. 2기 들어서도 비슷한 흐름입니다. JP모건, 뱅크오브아메리카(BOA), 시티은행 등 주요 은행들이 탄소중립 금융동맹(GFANZ, 넷제로 금융동맹, 즉 탄소중립 금융동맹)에서 탈퇴하거나 기후 프로젝트 투자를 축소하고 있죠. 모닝스타(2024)에 따르면 실제로 미국에서는 2023년 한 해 동안 ESG 투자 자산이 전년 대비 20% 가까이 감소했습니다. 정치적 리스크가 기후금융을 왜곡하고 있는 대표 사례라고 할 수 있습니다.

4) 이런 흐름이 글로벌 시장에도 영향을 주겠죠?

그렇습니다. 우선, 미국의 자금이 빠지면서 청정기술 스타트업이나 기후 벤처 투자에 타격이 생깁니다. 반면 유럽연합은 CBAM(탄소국경조정제도)을 통해 기후 리더십을 이어 가고 있습니다. 2026년부터는 철강, 알루미늄, 시멘트 수출에 탄소배출량에 따라 세금을 부과하죠. 중국도 재생에너지에만 연간 800조 원 이상 투자하고 있어요. 결국 세계는 '기후 대응 국가'와 '기후 회의론 국가'로 양분되는 구조가 가속화될 것으로 보입니다.

5) 우리나라는 어떤 전략으로 대응해야 할까요?

세 가지 전략이 중요합니다.

첫째는 정책 일관성입니다. 2050 넷제로 목표를 유지하면서, 흔들리지 않고 기후 정책을 계속 추진해야 합니다.

둘째는 공공 금융기관이 적극적인 역할을 해야 합니다. 산업은행, 수출입은행 등이 민간 자금을 유도할 수 있도록 '그린 프로젝트 보증'에 나서야 합니다.

셋째는 중소기업 전환 지원인데요. 전환비용이 큰 중소기업에는 기술 개발 보조금과 세제 혜택을 강화해야 합니다.

6) 기후금융이 후퇴하는 와중에도, 희망적인 흐름은 없을까요?

있습니다. 아시아태평양 지역이 새로운 중심축이 되고 있어요. 일본은 '그린 트랜스포메이션(GX) 채권'을 세계 최초로 발행해 탄소감축 산업에 1조 6천억 엔(JPY)을 투자하고 있고요. 사우디는 네옴 시티(NEOM) 같은 메가 프로젝트에 ESG 투자를 유치하고 있습니다. 블랙록과 같은 글로벌 자산운용사들도 "화석연료 기업과의 협력을 통해 탄소감축을 유도하겠다"며 단순 배제에서 적극적 참여 전략으로 전환하고 있습니다.

7) 한국 금융권이 당장 실행할 수 있는 방안은 어떤 게 있을까요?

먼저, 녹색채권(그린본드) 발행을 늘려야 합니다. 현재 한국 비중은 글로벌 시장의 2% 수준에 불과해요. 2025년까지 5% 이상으로 확대해야 하고요. 또한, 유럽처럼 기후 스트레스 테스트 의무화도 필요합니다. 은행이 보유한 화석연료 자산을 공개하게 하고, 위험을 사전에 관리해야죠. 마지막으로 동남아 진출도 기회입니다. 인도네시아, 베트남 등 재생에너지 수요국에 'K-배터리+K금융 패키지'를 수출할 수 있어요.

8) 2025년 6월 조기 대선이 치러지는데, 다음 정부는 어떤 기후금융 정책을 펼쳐야 할까요?

가장 시급한 건 정책의 법제화입니다. 탄소중립 기본법에 중간 감축 목표를 의무적으로 명시해 '정권 교체 후 후퇴'를 막아야 하고요. 초당적 기후 거버넌스(governance)를 통해 정책을 정치화하지 않아야 합니다. 독일처럼 정당을 초월한 에너지 전환 로드맵이 필요하죠.

9) 차기 정부가 꼭 추진해야 할 핵심 전략을 꼽는다면요?

다음 3가지를 말씀드릴 수 있겠습니다.

먼저 탄소 가격제 강화입니다. EU의 톤당 100달러에 비해 한국은 15달러 수준입니다. 배출권 거래제(K-ETS) 감축률을 상향 조정해야 합니다.

둘째는 기후 펀드 조성이고요. 독일처럼 50조 원 규모의 국책 펀드를 조성해 수소·풍력·그린수소 등에 집중 투자해야 합니다.

마지막으로 기후 리스크 공시를 의무화해서, 금융기관과 대기업이 자산과 경영에 미치는 기후위험을 투명하게 공개해야 합니다.

10) 마지막으로 시민들이 일상에서 실천할 수 있는 기후금융 참여 방법과 전하고 싶은 메시지 부탁드립니다.

시민들이 첫째 녹색 금융 상품 가입입니다. 국내 시중은행의 ESG 예금이나 그린펀드는 35% 수익률을 제공하고 있고, 기후 프로젝트에 직접 기여할 수 있죠. 둘째, 소액투자 플랫폼 활용입니다. 크라우드 펀딩으로 지역 태양광 사업에 10만 원 단위로 참여하는 시민들이 늘고 있습니다. 마지막으로 기후 주주 활동입니다. 주주총회에서 기업의 탄소감축 계획을 질의하는 등 소액 주주도 영향력을 행사할 수 있습니다.

이러한 기후 행동들로 기후는 비용이 아닌 미래 투자라는 인식을 가져야 합니다. 차기 정부가 들어오면 정책 공약에 탄소중립 이행 전략과 예산을 반드시 포함시켜서 청정 기술과 금융을 축으로 아시아 녹색 허브로 도약할 수 있기를 희망합니다.

※ 기후금융(Climate Finance)은 단순한 '친환경 자금'이 아니라, 기후위기에 대응하기 위해 공공과 민간이 투자하고 조달하는 모든 자금의 흐름을 말한다.

1. 기후금융의 정의
o 기후금융이란? 기후변화의 완화(Mitigation)와 적응(Adaptation)을 위해 필요한 자금을 조달하고 운영하는 모든 금융 활동
  - 완화(Mitigation): 온실가스 배출 감축을 위한 기술, 재생에너지 전환, 에너지 효율 향상 등
  - 적응((Adaptation): 홍수 방지 인프라, 가뭄 대응, 해수면 상승 대비 등 기후 피해를 줄이기 위한 투자

2. 기후금융의 주요 공급자
o 공공재정
  - 선진국 정부의 국제기후지원(예: 그린기후기금 GCF, ODA)
  - 각국 정부의 기후예산(국내 기후예산 포함)
o 다자개발은행(MDB)
  - 세계은행(WB), 아시아개발은행(ADB) 등에서 기후 관련 프로젝트에 융자
o 민간금융
  - ESG 투자, 그린본드(녹색채권), 기후 ETF
  - 은행, 보험사, 연기금의 탈탄소 포트폴리오
o 시장 메커니즘
  - 배출권 거래제(ETS), 탄소세 등에서 발생하는 수익금의 기후 투자

3. 주요 기후금융 수단

수단	설명
그린본드(Green Bonds)	재생에너지, 탄소 감축 프로젝트에만 사용하는 채권
ESG 투자펀드	환경·사회·지배구조 요인을 고려한 주식/채권 투자

기후보험 (Climate Insurance)	기후재난 피해 기업·농가를 위한 보험 상품
공공보조금/Subsidy	태양광·풍력 등 친환경 에너지에 정부가 보조
공적금융기관 투자	산업은행, KDB, 수출입은행의 그린금융 역할

4. 왜 기후금융이 중요한가?

o 지구 온난화를 1.5도 이하로 막기 위한 연간 투자 규모는 최소 4조 달러 (IEA, 2022)

o 탄소배출 감축 없이 글로벌 GDP의 11~14%가 2050년까지 손실될 전망

o 개도국은 재정 여력이 부족하여 선진국의 공적 기후자금 지원이 필요함 (파리 협정: 연 1,000억 달러 약속 → 아직 미달)

5. 한국의 기후금융 현황과 과제

항목	현황
공공부문 역할	산업은행, 한국무역보험공사 등이 녹색 프로젝트 지원 확대 중
민간 금융	ESG 투자 및 녹색채권 발행 증가(2023년 약 25조 원 수준)
과제	그린분류체계(K-Taxonomy) 명확화, 기후 리스크 공시 의무화 부족, 중소기업 전환 지원 미흡

6. 국제적 기준과 흐름

o 그린기후기금(GCF): UN 산하, 한국 인천 송도에 본부. 개도국 기후사업에 연간 수십억 달러 지원

o TCFD / IFRS S2: 기업에 기후 리스크 공시 요구, 국제표준화 진행 중

o EU의 녹색분류체계(EU Taxonomy): 녹색 활동 정의를 통해 민간 자금 유도

o CBAM(탄소국경조정제도): 탄소배출 많은 국가에 수출 시 관세 부과 (2026 년부터 본격 시행)

7. 기후금융은 기회

o 2030년까지 기후금융 관련 글로벌 일자리 3,800만 개 증가 예상 (WEF, 2023)

o 재생에너지 투자 수익률은 8~12%, 전통 에너지보다 높음

o 공정한 전환(Just Transition)이 핵심: 산업·노동자 보호 병행이 중요

16.
재해는 는다, 보험료도 는다:
농업이 울고 있다

기후재해에 가장 취약한 농업, 기상이변에 무너지는 농작물, 늘어나는 재해 보험 청구, 그리고 제자리걸음인 정책.

1) 오늘 전북 4개 시군에 대설특보가 발효됐고, 강풍주의보까지 내려졌다고 합니다. 그런데 최근 들어 농작물 재해보험 가입률이 증가하고 있다고 들었어요. 이것도 기후변화 영향일까요?

네, 맞습니다. 기후변화가 예측 불가능한 극한 기상현상을 더 자주 발생시키고 있고요. 실제로 이상저온, 폭우, 집중호우 같은 재해가 빈번해지면서 농업인들이 불안해하고 있습니다. 자연히 재해 위험을 상쇄하기 위한 보험 가입이 늘어날 수밖에 없는 구조고요. 특히 2023년 기준, 국내 농작물 재해보험 가입률은 69.1%로 역대 최고치를 기록했습니다. 농업 경영 안정성을 확보하기 위한 자구책으로 볼 수 있습니다.

2) 그래서 지방자치단체가 농가부담금을 완화하는 '농작물 재해보험 지원사업'을 펼치고 있다는 거군요. 오늘의 주제와 연결되는 것 같습니다.

그렇습니다. 최근 기후변화에 관한 정부 간 협의체(IPCC) 제6차 평가보고서에서도 지적했듯이, 기후변동성이 높은 지역에서 보험 가입률이 높게 나타납니다. 지역 정부가 농민의 부담을 줄이기 위해 보조금을 지원하면서 가입률도 빠르게 늘고 있고요. 그만큼 기후 적응형 정책이 중요한 시기로 들어선 겁니다.

※ IPCC란?
IPCC(Intergovernmental Panel on Climate Change, 기후변화에 관한 정부 간 협의체)는 전 세계 기후변화에 대한 과학적 평가를 수행하는 UN 산하의 국제기구이다. 1988년에 세계기상기구(WMO)와 유엔환경계획(UNEP)이 공동으로 설립했으며, 현재는 약 195개국이 참여하고 있다.

1. IPCC의 주요 목적은?
o 기후변화의 과학적 근거 평가
  - 온실가스 배출과 지구온난화 간의 관계
  - 기후변화의 영향, 취약성, 적응 및 완화 전략 제시
o 정책 결정자에게 과학적 정보 제공
  - 정치적 중립을 지키면서 정부가 사용할 수 있는 신뢰도 높은 기후 데이터와 시나리오 제시
o 직접 정책을 만들지는 않지만, 전 세계 기후 정책에 큰 영향
  - 파리기후협정(2015), 교토의정서(1997) 등 국제 협약의 과학적 기반 제공

2. IPCC 보고서는 어떻게 작성되나?
o 6~7년마다 '평가보고서(Assessment Report, AR)'를 발간
o 현재까지 총 6차 보고서(AR6, 2023년 종합 완료)가 나왔고, 제7차 보고서(AR7)는 2027년 발표를 목표로 준비 중임

o 보고서는 세 가지 작업그룹(Working Group)으로 구성됩니다:
  - WG1: 기후변화의 자연과학적 근거
  - WG2: 영향, 적응, 취약성
  - WG3: 기후변화 완화(감축 전략)
o 보고서는 전 세계 수천 명의 과학자들이 자발적으로 참여해 작성하며, 수만 건의 논문과 철저한 동료 평가(peer-review)를 거침

3. 왜 중요한가?
o IPCC 보고서는 전 세계 기후 정책의 과학적 기반이 됨
o 한국을 포함한 전 세계 정부들이 NDC(국가 온실가스 감축 목표)나 탄소중립 로드맵을 설정할 때 참고하는 가장 권위 있는 과학 자료임

3) 그럼 농작물 재해보험이 농민들에게 어떤 실질적인 역할을 해 주는 건가요?

극한기후로 인해 작물 피해가 발생했을 때 보험금으로 손실을 일부 보전받을 수 있다는 점에서, 소득 안정화에 큰 역할을 합니다. 세계은행 보고서(2023)에 따르면, 재해보험에 가입한 농민은 가입하지 않은 농민보다 재해 발생 후 평균 30~40% 빠르게 경제적으로 회복하는 것으로 나타났습니다. 즉, 피해 이후 재생산 활동으로 돌아가는 데 상당한 도움을 주는 셈입니다.

4) 전 세계적으로도 보험 가입률이 증가하고 있을 것 같은데요, 지역별로는 차이가 있겠죠?

네. 미국, 캐나다 등 선진국은 정부 보조금 제도가 잘 갖춰져 있어서 가입률이 높고요. 반면, 아프리카·남아시아 국가들은 보험 접근성이나 신뢰성이 낮은 편입니다. 하지만 국제기구와 민간 보험사의 협력으로 위성 기반 농작물 손해 평가 시스템이 확대되면서 이 지역들도 점차 가입률이 오르고 있습니다.

5) 어떤 작물들이 주로 재해보험 대상이 되는지도 궁금합니다.

기후위기에 가장 민감한 곡물, 예를 들어 밀, 쌀, 옥수수 같은 작물이 대표적입니다. 식량농업기구(FAO)에 따르면 전 세계 재해보험 가입의 절반 이상이 이들 주요 식량작물입니다. 한국은 2001년 사과와 배를 시작으로 현재는 67개 품목 이상으로 확대됐고, 최근엔 고추, 수박, 복분자 같은 특작물도 포함되고 있어 보험 보장 범위가 넓어지고 있습니다.

6) 역시 정부 정책이 영향을 크게 미치겠네요.

맞습니다. 정부의 보험료 보조금이 가입 유인으로 작용합니다. 정부가 공공 보험 프로그램을 제공하는 핵심적인 역할을 합니다. 예를 들어, 미국은 평균적으로 보험료의 60% 이상을 보조하고 있고요. 우리나라도 농업인의 부담을 낮추기 위해 지자체 차원의 추가 보조를 확대하고 있습니다. 이런 정책적 개입이 없다면 고위험 작물은 보험 가입 자체가 어려울 수 있어요.

7) 실제로 기후변화와 보험 가입률 사이의 관계를 보여 주는 데이터도 있나요?

있습니다. 세계적인 재해보험사 뮌헨 리(Munich Re)에 따르면, 2000년 부터 2020년까지 전 세계 기후 관련 재해보험 청구가 약 250% 증가했고 요. 기후변화에 관한 정부 간 협의체(IPCC)의 보고서는 기후재해가 자주 발생한 지역에서는 농작물 보험 가입이 지난 10년 동안 평균 30~50%까지 증가했다고 분석했습니다. 과학적으로도 확실한 상관관계가 입증되고 있습니다.

8) 그럼 보험 시장도 커지고 있겠네요?

맞습니다. OECD는 2024년 보고서에서 2030년까지 전 세계 농작물 재 해보험 시장이 연 6% 성장할 것으로 내다봤습니다. 특히 기후 빅데이 터, 인공지능 기반의 예측 모델을 활용한 '파라메트릭 보험(Parametric Insurance)'처럼 강수량이나 온도에 따라 자동 보상하는 상품도 늘어나고 있어요.

9) 하지만 기후위기가 심화되면 보험만으로 대응이 되지 않을 수도 있겠 네요?

맞습니다. 가장 큰 문제는 보험료 인상입니다. 피해 규모가 커질수록 보험사의 지급 능력도 부담되기 때문에 보험료가 오를 수 있고, 일부 농가는 가입을 포기하게 되는 구조가 발생할 수 있어요. 또 보험에 지나치게 의존하면 농가의 기후 적응 노력이 줄어드는 '도덕적 해이(moral hazard)'도 우려되고요. 결국 정부와 민간, 농업인의 공동 대응이 필요합니다.

10) 기후적응력과 보험 혜택의 균형을 맞추는 솔루션이 필요하겠네요. 마무리 말씀 부탁드립니다.

네, 보험은 재정적 안정의 중요한 수단이지만, 기후 위기의 본질은 적응과 회복력에 있습니다. 정부는 인공지능(AI) 기반 기후위험 예측, 재정 보조 시스템 개선, 보험상품의 접근성 확대를 함께 추진해야 하고요. 민간 보험사는 다양한 상품과 손해평가 역량을 높여야 합니다. 무엇보다 농업인 스스로도 기후 리스크를 이해하고, 자발적인 대응 능력을 갖추는 것이 중요하겠습니다.

17.
꿀벌, 바다숲, ESG:
자연을 지키는 경제의 새 공식

기후와 생태, 경제는 하나로 연결돼 있습니다. 꿀벌의 실종이 농업을 위협하고, 바다숲의 복원이 해양경제를 살립니다. ESG는 선택이 아닌 생존 공식입니다.

1) 최근 미국 트럼프 대통령이 철강과 알루미늄에 25% 관세를 부과하면서 K-철강업계가 어려움을 겪고 있습니다. 철강이 대표적인 탄소 다배출 산업이기도 하잖아요?

맞습니다. 철강 산업은 전 세계 온실가스 배출의 약 7%를 차지하는 대표적인 고탄소 산업입니다. 그런데 여기에 트럼프 대통령이 수입 철강에 대해 관세를 부과하면서, 한국 철강산업은 '건설 불황', '중국 저가 공세', '탄소 비용', 그리고 '무역 장벽'이라는 네 가지 위기를 동시에 맞고 있다고 볼 수 있죠. 특히 EU는 탄소국경조정제도(CBAM)를 통해 탄소 배출량이 많은 제품에 추가 비용을 부과하고 있어서, 한국 철강 수출업체들이 이중으로 부담을 안게 된 셈입니다.

2) 그런데 요즘 철강회사가 바다에 숲을 심는다던데요. 철강이랑 바다숲이 무슨 관계인가요?

처음 들으면 조금 생소하지만, 과학적으로 보면 꽤 의미 있는 시도입니다. 철강을 만들고 남는 부산물인 '제철 슬래그'를 바다에 침투되지 않도록 가공해서 해저에 투입하면, 인공 암초 역할을 하게 되거든요. 여기에 다시 해조류를 심으면 바다 생태계가 복원되고, 동시에 해조류가 이산화탄소를 흡수하는 탄소 흡수원이 되는 겁니다. 이걸 '블루 카본(Blue Carbon)'이라고 부르는데요. 유엔환경계획(2022)에 따르면 바다 식생이 육상 산림보다 단위 면적당 최대 5배 더 많은 탄소를 흡수할 수 있다는 연구 결과도 있습니다.

3) 실제로 효과가 있나요? 기업 ESG 실천의 예로도 볼 수 있을까요?

네, 대표적인 예가 포스코의 '바다숲 조성 프로젝트'입니다. 포스코 '지속가능보고서(2023)'에서 포스코는 제철 슬래그로 만든 인공 암초에 해조류를 심어 연간 약 640만 톤의 CO_2를 흡수하고 있다고 발표했는데요. 이는 여의도 면적의 60배에 달하는 해양 산림이 탄소를 빨아들이는 셈이죠. 여기에 어류도 돌아오니 어업에도 긍정적인 영향을 줍니다. 환경도 살리고 기업 이미지도 살리는 'ESG 경영'의 대표 사례입니다.

4) 그런데 꿀벌 얘기도 나오더라고요. 꿀벌이 사라지면 식량위기가 온다는데, 이거 과장된 얘기는 아니죠?

전혀 과장이 아닙니다. FAO(유엔식량농업기구)에 따르면 인류가 소비하는 주요 작물의 약 75%가 꿀벌을 비롯한 수분 매개 생물에 의존합니다. 특히 아몬드 같은 작물은 100% 꿀벌의 수분에 의존하죠. 미국에서는 꿀벌 개체 수 감소로 연간 약 150억 달러의 농업 손실이 발생한다는 분석도 있습니다. 실제로 중국 일부 지역에서는 꿀벌이 사라지면서 사람이 손으로 꽃가루를 일일이 묻히는 인공 수분 작업을 하고 있습니다.

5) 꿀벌이 단순한 곤충이 아니라, 사실상 생태계를 움직이는 핵심 엔진 이군요. 우리나라에서도 대응이 있나요?

네. 국내에서도 도시 양봉이 하나의 ESG 실천 활동으로 확산되고 있습니다. 포스코 건설은 송도에 '도시양봉장'을 조성했고요. 과천과학관도 꿀벌을 매개로 한 생태 교육을 운영하고 있습니다. 특히 전북 부안군은 2024년부터 '비(Bee) 호텔' 프로젝트를 통해 야생벌 서식지를 조성하고 있어요. 이 프로젝트는 고향사랑기부제를 연계한 ESG 지역사업의 대표 사례로 꼽힙니다. 슬로건은 '야생벌 붕붕이를 지켜 주세요'. 참 귀엽죠?

6) 지역에서 꿀벌 살리기부터 바다숲 조성까지, 자연과 공존하는 활동들이 눈에 띄네요. 최근엔 '부채로 산림을 복원한다'는 말도 들리던데요?

네, '부채-자연 스왑(Debt-for-Nature Swap)'이라는 개념입니다. 말 그대로, 개발도상국이 갚아야 할 외채를 자연보호 프로젝트 수행을 조건으로 탕감받는 제도죠. 대표적인 사례로는 에콰도르가 있습니다. 에콰도르는 외채 16억 달러를 재조정해 갈라파고스 제도 해양보호에 사용했고요. 덕분에 보호구역이 약 2배로 늘었고, 해양 생태계 복원에도 기여하고 있습니다. 세계은행(World Bank, 2023)에 따르면 코스타리카는 이 제도를 통해 산림복원률이 20년간 50%를 넘었습니다.

7) 이런 활동이 국제금융에서도 영향을 미치나요?

네, 요즘은 ESG 기준을 반영한 '그린 금융'이 활발하게 움직이고 있습니다. 예를 들어 친환경 건축물에 투자하거나, 전기차 구매자에게 대출 금리를 할인해 주는 그린론(Green Loan) 상품들이 증가하고 있고요. 모닝스타(Morningstar, 2023)에 따르면 ESG 요소를 고려한 투자 비중도 전 세계 자산의 약 30%까지 증가했습니다. 국내 시중은행들도 '탄소배출량 연동 금리' 시스템을 도입하고 있습니다.

8) 하지만 '그린워싱(Greenwashing)' 문제가 심각하다는 지적도 있는데요?

네. 제품의 아주 일부분만 친환경 소재를 사용하거나, 실제 탄소 배출을 줄이지 않았음에도 포장이나 광고만 친환경적으로 하는 경우가 문제입니다. 유럽연합(EU)은 2026년부터 '그린워싱 금지법'을 통해 과장광고를 엄격하게 규제할 예정이고요. 한국에서도 ESG 공시 의무화가 본격화되면, 이러한 그린워싱을 방지할 수 있을 것으로 보입니다.

9) 마지막으로 우리 청취자 분들께 전하고 싶은 메시지가 있다면요?

ESG는 선택이 아니라 지속가능한 미래를 위한 생존 전략입니다. 철강 회사의 바다숲, 지역의 꿀벌 호텔, 금융기관의 그린론까지—이 모든 활동들이 자연을 지키고 새로운 경제를 만들어 가는 이야기죠. 청취자 여러분도 작은 행동 하나, 예를 들어 지역 농산물 구매나 ESG 금융 상품 활용으로 이 흐름에 참여할 수 있습니다. 그리고 기업도, 소비자도, 정부도 함께 힘을 모아야 지속가능한 미래를 만들 수 있습니다. 부안군의 비 호텔처럼 창의적인 아이디어가 전국으로 퍼져 나가기를 바랍니다.

※ 국내외 비 호텔 및 도시 꿀벌 보호 사례: 국내외에서 꿀벌과 같은 수분매개 생물 보호를 위한 '비 호텔(Bee Hotel)' 또는 도시양봉(Urban Beekeeping) 사례

● 국내 꿀벌 보호 및 비 호텔 사례

1. 부안군 '비(Bee) 호텔 프로젝트' - 전북
o 목적: 야생벌(solitary bee) 서식지 조성을 통한 생물다양성 보전
o 사업 특징:
　- 고향사랑기부제를 연계한 시민참여형 ESG 캠페인
　- '야생벌 붕붕이를 지켜 주세요' 슬로건하에 기부자와 지역주민 참여
　- 폐자재를 재활용해 만든 인공 벌집으로 친환경 요소 강화
o 성과:
　- 지역 생태보전과 교육자원으로 활용
　- 생태 관광지와 연계한 로컬 브랜딩 시도 중

2. 포스코건설 '도시양봉 정원' - 인천 송도

o 목적: 도시 생물 다양성 보전 + ESG 실천

o 운영: 송도 사옥 옥상에서 꿀벌 서식지 운영, 꿀 수확 및 ESG 캠페인 연계

o 기여:

- 직원 교육, 꿀벌 보호 인식 확산

- 지역 학생 대상 체험 교육 프로그램 운영

∨3. 국립과천과학관 도시양봉 - 경기

o 목적: 환경교육과 생태보전 결합

o 내용:

- 과학관 옥상에 양봉장 설치, 시민과 어린이 대상 생태수업 운영

- 양봉산물(꿀, 밀랍 등)을 통해 자연순환 이해도 증진

● 국외 꿀벌 보호 및 비 호텔 사례

∨4. 덴마크 코펜하겐 '비 호텔 디자인 시티'

o 내용:

- 도시 재생 프로젝트와 연계해 디자인 중심의 비 호텔 설치

- 도시 건물 벽, 공공 벤치, 버스정류장 등에 미관과 기능을 동시에 고려한
  야생벌 서식지 조성

o 성과:

- 도시 미관 개선 + 생물다양성 증진

- 관광 자원화에 성공

∨5. 독일 베를린 'Grüne Stadt der Bienen(꿀벌의 녹색 도시)' 프로젝트

o 주체: 베를린시와 독립 양봉가 협업

o 내용:

- 도시 공원 및 철도 변에 야생벌용 호텔 설치

- 시민 대상 꿀벌 체험 프로그램, 꿀 제품 로컬마켓 연계

∨ 6. 뉴욕 브루클린 그레인지 비파밍 프로젝트

o 내용:

- 도시 옥상농장 Rooftop Farming + 양봉장 운영

- 연간 100만 마리 이상의 꿀벌 서식. 도시 내 식물 수분율 향상

o 성과:

- 지역 농산물 공급망 강화, 교육 · 관광 결합 모델

- 꿀, 비누, 로션 등 꿀벌 제품 판매로 수익 순환 구조 형성

※ ESG 관점에서 지역 생물다양성 보전과 주민 참여

분류	지역/도시	특징	ESG 가치
국내	부안군	고향사랑기부제 연계 비 호텔	생물다양성 + 시민참여
국내	송도 포스코건설	기업 ESG 도시양봉	지역 연계 생태보전
국내	과천과학관	교육용 도시양봉장	교육 + 생물 인식
국외	코펜하겐	디자인과 통합된 비 호텔	공공디자인 + 생태
국외	베를린	공공시설 활용 비 호텔	시민참여 + 정책협업
국외	뉴욕 브루클린	옥상 농장 + 양봉	기후적응 + 순환경제

그린스완의 시대

제3부

기후는 자연만 바꾸지 않는다

: 명절, 밥상, 올림픽, 히말라야…익숙했던 모든 것이 달라진다

18.
2025년 크리스마스엔 눈 대신 태양?

크리스마스의 상징이던 눈, 이제는 더위를 걱정해야 할 만큼, 겨울이 사라지고 있습니다. 축제와 계절의 감각마저 바뀌고 있습니다.

1) 올해 기후변화로 인해 기록적인 폭염과 이상기상이 많았다고 하는데요, 크리스마스 풍경도 달라질 수 있다고요?

맞습니다. 전통적인 크리스마스의 상징인 화이트 크리스마스, 눈 내리는 거리와 반짝이는 조명 풍경이 점차 바뀌고 있습니다. 최근에는 눈 대신 폭우나 강풍, 혹은 전례 없는 더위가 이 시기를 덮치고 있습니다. 2023년은 전 지구적으로 사상 가장 더웠던 해로 공식 기록됐고요, 올해도 기상학자들은 2024년이 그 기록을 깨뜨릴 가능성이 높다고 전망하고 있습니다. 이런 변화는 단지 '날씨의 문제'가 아니라, 우리가 생각해 온 휴일 문화 자체를 바꾸고 있는 거죠.

2) 크리스마스를 망치는 기상현상이 실제로 일어나고 있나요?

네, 대표적인 사례가 영국입니다. 2023년 11월, 영국 우스터 시는 크리스마스 조명 점등식을 악천후로 인해 전격 취소했습니다. 또 요크서 지역에서는 폭풍 다라그로 인해 베벌리 크리스마스 축제가 기상 경보 속에 열리지 못했죠. 이런 식의 크리스마스 행사 취소는 이제 점점 드물지 않은 일이 되어 가고 있습니다. 미국 NOAA(국립해양대기청)에 따르면, 북반구 주요 도시의 12월 강설일이 매년 줄어들고 있고요. 유럽과 북미에서는 '화이트 크리스마스'의 확률이 지난 30년간 10~20%나 감소했습니다. 북극 해빙 면적도 1979년 대비 40% 이상 감소했고, NASA는 "2040년경 여름철 북극이 완전히 얼음 없는 상태가 될 수도 있다"고 경고했습니다.

3) 필리핀의 '크리스마스 태풍' 이야기도 들리던데요?

네, 필리핀에서는 이른바 '크리스마스 태풍'이 연례 재난처럼 굳어지고 있습니다. 필리핀 기상청과 해외 기후 연구소에 따르면, 2012년 이후 연말 태풍 발생률은 약 210% 증가했습니다. 2023년 12월에도 강력한 슈퍼태풍이 크리스마스를 앞두고 필리핀을 강타했고, 8000채 이상의 주택이 파손되거나 침수됐습니다. 필리핀 대통령은 국민과 연대하자는 의미로 정부 관계자들에게 "호화로운 크리스마스 행사를 자제하라"고 당부하기도 했습니다.

4) 연말에 고향을 찾거나 여행을 떠나는 분들도 많을 텐데, 이런 이상기후가 항공 교통에도 영향을 주겠네요.

맞습니다. 국제항공운송협회(IATA)에 따르면, 기상 악화로 인한 항공편 지연 비율이 2012년 11%에서 2023년에는 약 30%로 증가했습니다. 특히 해수면 상승은 해안가 공항에 직접적인 위협이 되고 있습니다. 활주로 침수 위험이 높아지고 있고, 뜨거운 공기는 비행기의 양력 확보를 어렵게 만들어 무게 제한이나 연료 조정 같은 추가 조치가 요구되기도 합니다.

5) 기후변화가 비행 중 안전에도 영향을 미친다고요?

그렇습니다. 가장 대표적인 것이 '청천 난기류(Clear Air Turbulence)'인데요. 미 항공기상학회 자료에 따르면, 1979년부터 2020년 사이 북미 상공에서 심각한 난기류 발생률이 무려 41% 증가했습니다. 기온이 오르면 대류 활동이 강해지고, 제트기류가 불안정해지면서 비행기 안전에 위협을 줍니다. 여기에 낙뢰 발생 빈도도 지구 온도 1도 상승당 12%씩 늘어난다는 연구 결과가 있습니다.

6) 겨울 스포츠를 좋아하는 분들에게는 스키 시즌도 걱정거리겠네요.

맞습니다. 유럽환경청(EEA)은 최근 보고서에서 기후변화로 인해 유럽 스키 시즌이 평균 38% 감소했다고 밝혔습니다. 눈이 내리는 기간이 짧아지고, 인공 눈에 의존하는 리조트가 늘어나고 있습니다. 기후변화는 스포츠와 관광 산업에도 직접적인 타격을 주고 있는 셈이죠.

7) 크리스마스의 상징, 트리도 영향을 받고 있다고요?

네, 북미와 유럽 크리스마스트리 재배 농장에서는 더위, 가뭄, 해충 피해로 나무의 생장이 느려지고 있습니다. 미국 크리스마스트리협회 (NCTA)에 따르면, 기후변화로 인해 묘목 생존율이 최대 40%까지 떨어지는 사례도 있고요. 미국 오리건주 재배협회에 따르면, 트리 생산 비용이 매년 10% 이상 상승하고 있다고 합니다. 실제로 트리가 건조해 바늘이 갈색으로 변하거나, 제때 자라지 않아 출하가 어려운 경우도 늘고 있죠.

8) 기후변화가 크리스마스 음식에도 영향을 미친다는데요?

그렇습니다. 전문가들은 "기후플레이션(climateflation)"이라는 신조어를 사용하고 있는데요, 기후변화로 인한 농작물 가격 상승을 뜻합니다. 2023년 기준, 전 세계 휴일 식품 가격은 평균 30% 상승했습니다. 특히 초콜릿의 원료인 코코아는 2024년 들어 톤당 1만 달러를 돌파하며 136% 급등했죠. 프랑스에서는 포도 수확량이 21.4% 감소해 와인 생산도 줄어든 상태입니다.

9) 이렇게 기후가 크리스마스 전통을 바꾸고 있다면, 우리는 어떤 선택을 해야 할까요?

지속가능한 크리스마스가 대안이 될 수 있습니다. 지역 생산 식재료를 활용하고, 과도한 전기 장식을 줄이며, 플라스틱 포장재 대신 친환경 포장지를 사용하는 식의 실천이 필요하죠. 또한, ESG와 연결된 기업의 제품을 선택하는 '책임 있는 소비'도 중요합니다. 기후위기는 더 이상 먼 미래의 이야기가 아니며, 우리가 소중히 여기는 연말 문화와도 직결되어 있다는 사실을 기억해야겠습니다.

10) 마무리 말씀 부탁드립니다.

크리스마스는 본래 가족과 공동체, 사랑을 나누는 날입니다. 이제는 여기에 환경과 지속가능성이라는 새로운 가치를 더해야 할 때입니다. 뜨거워진 지구에서 더 푸르고 하얀 크리스마스를 지키기 위해, 기후변화에 맞선 우리의 작은 행동들이 미래 세대에게 가장 큰 선물이 될 수 있겠습니다.

　　　　　　　　　　　　　　　　　　　그린스완의 시대

19.
새들은 먼저 알고 있었다:
2025년의 경고

이상한 시기에 날아가는 철새들, 도심에 나타난 겨울새, 새들의 경로는 기후변화의 가장 정직한 지표입니다.

1) 최근 항공기 참사로 온 국민이 큰 충격에 빠졌습니다. 아직 정확한 원인 분석이 나오진 않았지만, '새떼 충돌' 가능성이 언급되고 있죠. 혹시 이와 같은 사건도 기후변화와 관련이 있을까요?

그렇습니다. 이번 사고는 아직 조사 중이지만, 기후변화가 조류의 행동 패턴을 바꾸고 있다는 점에서 이번 사건과 무관하다고 보기 어렵습니다. 겨울이 늦어지거나 먹이 공급 시기가 바뀌면, 새들은 특정 지역에 평소보다 더 오래 머물거나 경로를 변경하게 됩니다. 이로 인해 공항 주변에 새들이 비정상적으로 몰릴 수 있고, 항공 안전 위협이 커지는 겁니다. 실제로 NASA와 미국 FAA에 따르면 새 충돌 사고(Bird Strike)는 전 세계적으로 연간 1만 6천 건 이상 보고되고 있고, 이 중 상당수가 기후변화로 인한 조류 이동 변화와 관련이 있다는 분석도 있습니다.

2) 이렇게 예상치 못한 기후변화의 영향이 생활 깊숙이 들어오고 있네요. 오늘의 주제는 어떤 이야기인가요?

네, 말씀하신 것처럼 2025년에도 기후변화는 다양한 방식으로 우리의 삶에 영향을 줄 겁니다. 오늘은 2025년 기후 전망과 이에 따른 글로벌 환경 조건, 그리고 대응 정책과 기술, 우리 사회의 변화 방향까지 함께 짚어보겠습니다.

3) 먼저, 2025년에 우리가 직면하게 될 주요 기후변화 양상은 무엇이 있을까요?

기후 모델에 따르면, 2025년에도 지구 평균 기온은 계속 오를 가능성이 큽니다. 이미 유럽중기기상예보센터(ECMWF)는 2024년이 관측 역사상 가장 더운 해로 기록될 것이며, 2025년은 그 이상이 될 수 있다고 경고했습니다. 가장 우려되는 건 파리기후협정이 설정한 1.5도 상승 한계선을 1년 이상 초과하는 해가 될 가능성이 높다는 점인데요. 이렇게 되면 폭염, 집중호우, 산불, 장기 가뭄 같은 극한기상이 더욱 빈번해질 것으로 보입니다. 예를 들어, 아시아는 강력한 몬순, 유럽은 물 부족과 가뭄, 남미는 열대성 폭풍과 홍수 위험이 커질 전망입니다.

4) 기온 상승이 일상생활과 생태계에 미치는 영향은 구체적으로 어떤 것들이 있나요?

지역마다 영향이 다르겠지만, 몇 가지 공통적인 추세는 있을 것으로 예상됩니다. 크게 세 가지로 볼 수 있습니다.

첫째, 식량 위기입니다. 강우 패턴 변화와 고온으로 농작물 수확량이 줄어들면 식료품 가격이 급등하고, 식량안보에도 위기가 올 수 있습니다.

둘째, 건강 위험입니다. 세계보건기구(WHO)는 말라리아, 뎅기열 같은 질병이 북상하고, 고령층이 폭염에 더 많이 노출될 것으로 우려하고 있습니다.

셋째, 생물다양성의 붕괴입니다. WWF 보고서에 따르면 1970년 이후 전 세계 야생동물 개체 수가 평균 69% 감소했는데, 기후변화가 주요 원인 중 하나로 지목됐습니다.

5) 그렇다면 이런 문제에 대해 2025년엔 어떤 정책이나 국제 협력이 예상되나요?

먼저, 탄소중립을 향한 압박이 강화될 겁니다. 유럽연합은 2025년부터 본격적으로 탄소국경조정제도(CBAM)를 시행하며, 미국도 IRA(인플레이션감축법)를 통해 기후 인프라에 약 3700억 달러를 투자하고 있습니다.

또한, COP29 이후 기후 재정 협력이 확대되면서, 선진국이 개발도상국에 매년 3,000억 달러 이상 지원하겠다는 새로운 기후 재정 목표(NCGQ)가 설정됐죠. 우리나라 역시 이에 발맞춰 탄소세, 기후예산, 그린수소 인프라 등에서 전략 조정이 필요합니다.

6) 기술적 측면에서도 어떤 흐름이 예상될까요?

그린테크 산업의 확산이 눈에 띕니다. 특히 태양광, 풍력, ESS(에너지저장장치), 수소 생산 및 탄소 포집·저장 기술(CCUS)이 핵심인데요. IPCC(기후변화에 관한 정부 간 협의체)에 따르면, 2030년까지 탄소중립 달성을 위해서는 연간 약 1조 달러 규모의 기술 투자가 필요합니다.

또한, 농업·식품 분야에서도 '스마트팜'과 기후 회복형 재배법이 주목받고 있고요. AI 기반의 기후예측과 에너지 효율 솔루션도 빠르게 성장하고 있습니다.

7) 2025년 특히 한국 기업들에게 힘든 시기라고 하는데요. 그렇다면 우리 기업들은 이 변화에 어떻게 대응하고 있나요?

많은 기업들이 지속가능한 경영을 강화하고 있는데요. 예를 들어, 삼성, 현대차, SK 등 국내 주요 기업들은 RE100(100% 재생에너지 전환)이나 TCFD(기후 관련 재무 정보 공개 태스크포스) 보고 체계를 채택하며 ESG 경영을 강화하고 있고요. 2025년부터는 EU CSRD(지속가능성 공시 지침) 시행으로 한국 수출기업들도 글로벌 공급망에서 ESG 보고가 필수가 됩니다. 따라서 기후 리스크 분석, 탄소회계, 그린 R&D 투자 확대가 기업 생존 전략의 핵심이 될 것입니다.

8) 마지막으로 시민들 입장에서 어떤 대응이 가능할까요?

크게 세 가지 실천이 중요합니다.

첫째, 기후친화적인 소비 습관. 대중교통 이용, 절전, 지속가능 식단 등이죠.

둘째, 정치적 참여입니다. 기후 정책을 진지하게 다루는 리더를 선출하고 지지하는 것 역시 매우 중요합니다.

셋째, 지역사회 연대입니다. 학교, 직장, 지역 커뮤니티가 함께 기후행동을 확산시켜야 실질적 변화가 가능합니다.

9) 이번 항공 사고처럼 기후변화가 우리의 일상 안전까지 위협하고 있다는 점, 다시금 깨닫게 됩니다. 마무리 말씀 부탁드립니다.

네, 2025년은 기후 위기의 정점이 될 수도 있는 중요한 해입니다. 더 이상 기후변화를 '환경 문제'로만 볼 수 없고요. 인프라, 건강, 경제, 안전 전반에 영향을 미치는 거대한 시스템 리스크입니다. 기후는 한 나라가 단독으로 해결할 수 없는 문제이기에, 정책, 기술, 사회의 공동 대응이 중요합니다. 우리 모두가 작은 변화의 주체가 되어야 할 때입니다. '뜨거워진 지구'를, 지금이라도 함께 식혀야 합니다.

20.
대왕고래의 눈물, 한국의 기후 부실을 고발하다

서식지를 잃어 가는 고래, 한국의 유전 개발 프로젝트 '대왕고래', 그 그림자는 한국의 미흡한 기후대응 위에 드리워지고 있습니다. 국제사회는 더 이상 침묵하지 않습니다.

1) 최근 발표된 '기후변화대응지수 2024(CCPI 2024)' 보고서에서 다뤄진 내용이 궁금합니다. CCPI가 정확히 무엇이고, 어떤 기준으로 나라들의 기후변화 대응 수준을 평가하나요?

기후변화대응지수(CCPI, Climate Change Performance Index)는 전 세계 주요 국가들의 기후변화 대응 성과를 평가하여 순위를 매기는 지표입니다. 독일의 환경단체 저먼워치(Germanwatch)와 기후행동네트워크(CAN) 등이 2005년부터 매년 이 지수를 발표하고 있는데요. 온실가스 배출량, 재생에너지 사용, 에너지 소비, 기후 정책이라는 4가지 부문으로 나눠 각 나라의 노력을 점검합니다. 전년도 대비 온실가스 감축 추세, 1인당 에너지 소비량, 재생에너지 보급률, 정부의 국내외 기후 정책 등을 종합적으로 평가하는 것이죠. 특히 상징적인 의미로 CCPI 순위에서는 1~3위를 비워 두는데, 그만큼 현재 어느 나라도 기후대응에서 만점짜리 모범생은 없다는 뜻입니다.

결국 4위가 최고 순위인데, 2024년 지수에서는 덴마크가 4위를 차지했고 네덜란드(5위), 영국(6위) 등이 그 뒤를 이었습니다. 이처럼 CCPI는 전 세계 60여 개 국가(전 세계 배출량의 90% 이상을 차지)의 기후 대응 수준을 한눈에 보여 주는 지표입니다.

2) 그렇다면 이번 CCPI 2024에서 한국의 순위는 어땠나요? 우리나라의 기후변화 대응 수준이 어느 정도인지 궁금합니다.

안타깝게도 대한민국의 성적은 거의 바닥 수준이었습니다. 한국은 이번 CCPI에서 63위를 기록했는데요. 평가 대상 국가 중 하위권, 그것도 산유국을 제외하면 사실상 최하위 수준입니다. 한국보다 순위가 낮은 나라들을 보면 러시아(64위), 아랍에미리트(65위), 사우디아라비아(66위), 이란(67위) 정도인데, 이들 나라는 모두 석유나 가스를 대량 생산·수출하는 산유국들입니다.

다시 말해, 한국은 자체적으로 화석연료를 생산하지 않는 국가들 가운데에서는 기후변화 대응이 가장 미흡한 나라로 평가된 셈입니다. CCPI 평가 네 가지 부문(온실가스, 재생에너지, 에너지 소비, 정책) 모두에서 한국은 매우 낮음(Very Low) 수준의 점수를 받았다고 하니, 온실가스 감축 노력부터 친환경 에너지 전환, 효율적인 에너지 이용, 정부의 기후 정책 실행력까지 전반적으로 부족하다는 의미입니다.

3) 한국이 이렇게 낮은 평가를 받은 이유는 무엇인가요? 보고서에서는 어떤 점들을 지적하고 있나요?

CCPI 2024 보고서는 한국의 부진한 성적에 대해 몇 가지 핵심 이유를 들고 있습니다. 가장 큰 문제는 한국의 현재 국가온실가스감축목표(NDC)가 세계 공동 목표인 지구온난화 1.5도 이내 제한에 부합하지 않는다는 점입니다. 쉽게 말해 2030년까지의 감축 목표치가 부족하고, 특히 2030년 이후의 추가 감축 계획이 없어서 장기적 비전이 부재하다는 거죠. 실제로 한국 헌법재판소도 지난해 8월 "정부의 현 온실가스 감축 계획에 2030년 이후 목표가 없어서 현재와 미래 세대의 기본권을 보호하지 못하고 있다"며 헌법불합치 결정을 내렸습니다. 이처럼 법원 판단까지 나올 정도로 한국의 장기 기후대응 전략이 미흡하다는 것이 첫 번째 지적입니다.

두 번째로, 석탄 발전 등 화석연료 의존도가 높고 전환 속도가 느리다는 문제가 있습니다. 한국 정부는 현재 석탄발전소를 2050년까지 폐지한다는 목표를 갖고 있는데, CCPI 평가단과 전문가들은 "그보다 훨씬 앞당긴 2035년에는 석탄 발전을 모두 중단해야 한다"고 권고했습니다. 1.5℃ 목표를 지키려면 석탄뿐 아니라 가스 발전도 그쯤에는 단계적으로 퇴출해야 한다는 과학적 근거에 따른 것입니다. 그러나 한국은 아직도 2050년에나 화력 발전을 종료할 계획이어서 목표 수준이 한참 낮다는 비판을 받았습니다.

또 한 가지 중요한 이유는 재생에너지 전환 속도가 매우 느리다는 점입니다. 한국은 OECD 국가 중에서도 재생에너지 발전 비중이 최하위권인데요. 실제로 지난해 수립된 제10차 전력수급기본계획에서는 2030년까지 전기 생산 중 재생에너지 비율 목표치를 기존 30.2%에서 21.6%로 오히려 낮추기도 했습니다. 이렇듯 정부 정책이 후퇴하면서 청정에너지 전환 의지가 부족해 보인다는 평가를 받았습니다.

마지막으로 기후 대응 정책 및 이행의 부족을 들 수 있습니다. 온실가스 감축을 위한 국내 정책 추진력이나 국제사회에서의 역할 모두 미흡하다는 평가인데요. 예를 들어 CCPI에서는 한국 정부가 여전히 석유·가스 산업에 대한 투자 중단을 주저하고, 오히려 해외 석탄·가스 사업에 자금 지원을 해 온 점 등을 지적했습니다. 즉, 산업계의 탄소 배출을 줄이기 위한 강력한 정책 추진이나 재생에너지 확대를 위한 과감한 조치가 부족하다는 것입니다. 이런 이유들로 인해 한국은 전 부문에서 낮은 점수를 받아 종합순위도 하위권에 머물렀습니다.

4) 아까 잠깐 언급된 헌법재판소 판결에 대해 좀 더 자세히 알고 싶어요. 정부의 기후 정책이 위헌이라는 결정이 나왔다고요?

네, 중요한 판결인데요. 2024년 8월 29일, 대한민국 헌법재판소는 정부의 기후변화 대응이 헌법에 부합하지 않는다, 즉 불충분해서 위헌 소지가 있다는 결정을 내렸습니다. 구체적으로는 국가의 온실가스 감축 계획에 2030년 이후 목표가 아예 없는 것이 문제였는데, 이러한 장기 계획 부재가 현재와 미래세대의 기본권(환경권)을 침해한다고 판단한 것입니다. 쉽게 말하면 "정부가 2030년까지만 계획을 세우고 그 이후는 손 놓고 있는 건, 앞으로 살아갈 미래세대의 권리를 보호하지 않는 행위다"라는 취지입니다. 헌법재판소가 환경·기후 문제로 이런 결정을 내린 건 상당히 이례적이고 역사적인데요. 이 결정으로 정부는 법적으로도 좀 더 강력하고 장기적인 기후대책을 마련해야 할 의무를 지게 되었습니다. CCPI 보고서도 이 판결을 언급하며 "정부는 헌재 결정에 부응해 국가 기후대책을 보완해야 한다"는 메시지를 전하고 있습니다.

5) 뉴스에서 메탄 감축이나 '대왕고래 프로젝트' 얘기도 들리던데, 이건 또 무엇인가요? 국제 사회에서 우려한다는 것 같던데요.

메탄은 이산화탄소보다 온실효과가 수십 배 강한 강력한 온실가스입니다. 그래서 전 세계가 메탄 배출을 줄이기 위해 글로벌 메탄 서약(Global Methane Pledge)도 추진 중인데요. 한국도 2021년 이 서약에 동참해서 2030년까지 메탄 배출량 30% 감축을 약속한 바 있습니다. 그런데 아이러니하게도, 한국이 한편으로 추진 중인 '대왕고래 프로젝트'는 이러한 노력에 역행하는 측면이 있습니다. 이름만 들으면 환경 사업 같지만, 사실은 동해 해저에서 석유와 천연가스를 시추하려는 국내 해상 가스전 개발 사업의 별칭입니다. 쉽게 말해 새로운 유전·가스전 개발 계획인데, 전 세계가 탈화석연료로 가는 추세에 반하여 한국이 심해 가스 시추에 나서는 것이죠.

국내외 환경 전문가들은 이 대왕고래 프로젝트에 상당한 우려를 표하고 있습니다. 새로운 가스전을 개발하면 직접적인 탄소배출도 문제지만, 천연가스 주성분이 메탄이어서 채굴 과정에서 메탄 누출 등 온실가스 배출이 크게 늘어날 위험이 있습니다. 또한 이 사업이 성공하면 대량의 화석연료를 추가로 쓰게 되어 한국의 탄소중립 목표와 모순될 뿐 아니라,

작년에 가입한 유기성 폐기물 메탄 감축 국제서약의 취지에도 어긋나게 됩니다. CCPI 2024 보고서 역시 이러한 모순을 지적했는데요. 보고서 저자들은 한국이 "대왕고래"와 같은 신규 석유·가스전 개발 계획부터 중단해야 한다"고 못 박았습니다. 국제사회에서 한국의 이러한 행보를 곱지 않게 보는 시선도 있습니다. 한 기후 전문가는 "국내에서 대왕고래 같은 석유·가스 개발을 시도하는 것은 국제사회에서 비판받을 만한 행태"라고까지 지적했어요. 만약 이 프로젝트를 강행한다면 한국의 CCPI 순위가 앞으로 더 추락할 수도 있다는 경고도 나왔습니다. 결국 메탄 감축을 약속한 한국이 정반대로 메탄을 더 배출할 위험이 있는 사업을 벌이는 데 대한 국제적 우려가 큰 상황입니다. 온실가스 배출(40%), 재생에너지 사용 및 전환(20%), 에너지 사용(20%), 기후 정책(20%) 등 4개의 주요 부문을 기반으로 점수를 산정해서 평가합니다.

6) 국제 비교를 좀 더 해 볼까요? 다른 나라들은 기후변화 대응을 잘하고 있는지, 예를 들어 상위권 국가들과도 비교해 주실 수 있나요?

CCPI 지수 상위권에는 유럽 국가들이 주로 포진해 있습니다. 앞서 말씀 드린 대로 덴마크가 사실상의 1위인 4위를 차지했고, 네덜란드, 스웨덴, 영국 등이 높은 순위에 있습니다. 영국의 경우 지난해 20위에서 올해 6위로 껑충 뛰었는데, 그만큼 재생에너지 투자와 탄소 감축 정책을 강화한 결과로 보입니다. 또한 인도가 10위로 상위권에 올랐는데요. 주요 온실가스 배출국 중에서는 이례적으로 높은 순위라 주목받았죠.

반면에 중국(55위)이나 미국(57위), 일본(58위) 같은 경제 대국들도 의

외로 하위권에 머물렀습니다. 예를 들어 미국은 연방 차원에서 석탄 등 화석연료 퇴출 정책이 부재하고, 여전히 막대한 온실가스 배출과 낮은 재생에너지 비중 때문에 낮은 점수를 받았다고 합니다.

하지만 한국의 순위(63위)는 그보다도 훨씬 더 낮은 수준이라서, 기후대응에 있어서는 미국이나 일본보다도 뒤처진 상황입니다. 특히 G20 주요국 중 한국보다 순위가 낮은 나라는 앞서 언급한 산유국들뿐이어서, 국제사회에서 한국의 노력 부족이 더욱 두드러지는 형편입니다. 요약하면, 현재 한국은 기후대응 면에서 선진국 그룹에서는 가장 부진한 축에 들고, 세계적으로 봐도 최하위권이라 할 수 있습니다. 반대로 상위권 국가들은 재생에너지 확대, 에너지 효율 개선, 강력한 감축 정책 등을 통해 기후위기 대응을 주도하고 있음을 알 수 있습니다.

7) 그렇군요. 그렇다면 한국이 상위권으로 올라서기 위해는 무엇을 어떻게 해야 할까요? CCPI 보고서나 전문가들은 어떤 개선 조치를 권고하고 있나요. 마무리 말씀과 함께 부탁드립니다.

한국이 기후변화 대응 상위권에 들려면 전면적인 정책 개선과 이행 강화가 필요합니다. CCPI 보고서와 전문가들이 공통적으로 권고하는 사항을 정리해 보면 다음과 같습니다.

첫째, 온실가스 감축 목표 상향입니다. 현행 NDC보다 훨씬 과감한 감축 목표를 설정해야 합니다. 파리협정 1.5도 경로에 맞게 2030년까지 지금보다 훨씬 큰 폭으로 배출량을 줄이고, 2030년 이후로도 지속적인 감축 계획을 명확히 세워야 합니다. 쉽게 말해 "2030년 이후에도 어떻게 탄소 중립까지 갈 것인지 로드맵을 보여 줘라"는 거죠.

둘째, 석탄 및 화석연료 조기 퇴출입니다. 늦어도 2035년까지는 석탄 발전을 완전히 중단하고 가능하면 가스 발전도 단계적으로 감축하는 계획이 필요합니다. 현재 2050년으로 잡힌 석탄 발전 폐지 시점을 앞당기고, 그에 맞춰 재생에너지와 전력 저장 등 대안을 확충해야겠죠. 석탄과 가스를 끌어안고서는 1.5도 목표 달성이 어렵습니다.

셋째, 재생에너지 대전환입니다. 재생에너지 보급을 대폭 가속화해야 합니다. 태양광·풍력 등의 설치 규제를 완화하고 투자 촉진책을 늘려 에너지원을 빠르게 바꾸는 것이 중요합니다. CCPI 보고서도 한국이 재생에너지 도입을 가속해야 한다고 지적했는데요. 현재 턱없이 낮은 재생에너지 비중을 획기적으로 높여야 합니다. 2030년까지 최소한 전력의 30~40% 이상을 재생에너지로 만들겠다는 식의 보다 진전된 목표가 필요해 보입니다.

넷째, 신규 화석연료 사업 중단입니다. 더 이상의 석유·가스 개발 투자나 신규 사업을 하지 않겠다는 결단이 필요합니다. 국내의 대왕고래 가스전 개발은 물론이고 해외에서 진행되는 석탄·가스 인프라 투자도 중단해야 합니다. CCPI 평가단은 한국이 이제는 새로운 화석연료 탐사를 멈추라고 권고하고 있습니다. 이는 국제사회에 한 약속이기도 한데요. 2021년 글래스고 COP26에서 한국은 해외 석탄발전소에 대한 금융지원을 중단하기로 선언했고, 국내에서도 더 이상 화력발전소 승인은 없을 것이라고 했습니다. 이런 약속을 석유·가스 분야까지 확대해서 지켜 나가는 모습이 필요합니다.

다섯째, 강력한 기후 정책 시행입니다. 목표만 높이는 것이 아니라 이를 실행할 구체적 정책과 법 제도를 정비해야 합니다. 예를 들어 탄소 가격제 강화, 산업 부문의 에너지 효율 규제, 내연차 감축을 위한 전기차 전환 가속, 건물 리모델링을 통한 에너지 절약 등 각 부문별 세부 정책들이 제대로 이행되어야 합니다. 다행히 한국에는 탄소중립녹색성장기본법도 있고 여러 정책 수단이 마련되어 있으니, 이를 속도감 있게 추진하는 것이 중요합니다. 전문가들은 한국 정부가 헌법재판소의 결정을 계기로 이러한 정책들을 더욱 강화하길 기대하고 있습니다.

이러한 조치를 통해 배출 감축 속도를 높이고, 청정에너지로의 전환을 앞당겨야만 한국이 현재의 정체를 벗어나 상위권 국가들과 어깨를 나란히 할 수 있을 것입니다. 결국 중요한 것은 "실행력"입니다. 목표를 높게 세웠다면 이에 맞는 실행 계획과 행동이 뒤따라야겠지요. 과학자들은 향후 10년이 1.5도 목표 달성의 골든 타임이라고 강조합니다. 한국도 이 기간에 적극적으로 정책을 추진하면 기후변화대응지수 순위도 반등시키고, 무엇보다 지구 기후위기 해결에 크게 이바지할 수 있을 것입니다. CCPI 보고서의 권고처럼 한국이 더 야심 찬 목표와 확실한 이행으로 기후위기 대응 선도국 대열에 합류하길 기대합니다.

21.
단풍이 말한다:
미국 대선과 지구의 온도

늦어지는 단풍은 지구의 체온계입니다. 그리고 그 단풍은 2024년 11월 미국 대선 결과에도 영향을 줍니다. 정치와 계절은 서로를 비추고 있습니다.

1) 요즘 단풍 시즌이죠. 그런데 설악산 단풍이 예년보다 늦어졌다고 들었습니다. 왜 그런 걸까요?

네, 맞습니다. 올해 설악산 단풍은 단풍 관측을 시작한 1985년 이후 가장 늦은 절정기를 기록하고 있습니다. 전문가들은 이처럼 늦어지는 단풍 시기가 기후변화의 영향일 가능성이 크다고 보고 있는데요. 실제로 가을로 접어들었는데도 늦더위가 길어지면서 단풍 시기를 미루고 있는 거죠. 예전에는 10월 초에 절정을 이뤘던 단풍이 이제는 10월 중순, 혹은 말까지 밀려나고 있습니다. 이제는 10월 가을 풍경도 점점 달라지고 있네요.

2) 단풍이 늦게 드는 게 단순한 풍경 변화가 아니라 기후변화와 연결되어 있다는 말씀이시군요. 그럼 경제적으로도 영향을 준다는 건가요?

그렇습니다. 한국은행이 최근 내놓은 보고서를 보면, 기후변화에 제대로 대응하지 못하면 2050년에는 우리나라의 GDP가 17%나 줄어들 수 있다고 분석했습니다. 단풍이 늦어지는 것만 봐도 자연의 리듬이 바뀌고 있다는 뜻인데요. 이는 농업, 관광, 제조업 등 모든 산업에 영향을 주는 신호라고 할 수 있습니다.

3) 구체적으로 어떤 연구 결과가 있었나요?

한국은행의 '기후변화 리스크가 실물경제에 미치는 영향' 보고서에 따르면, 전 세계가 기온 상승폭을 산업화 이전 대비 1.5도 이내로 억제할 경우에도 우리 GDP는 2050년까지 13%가량 줄어들 수 있다고 봤고요. 만약 대응이 더디게 진행돼서 2도 이내로 관리하게 되면, GDP 감소 폭은 17.3%까지 커질 것으로 예상했습니다. 2100년에는 19%에 육박하고요.

4) 세계 전체로 보면 어떤가요?

세계 전체로 봐도 상황은 비슷합니다. 기후변화에 제대로 대응하지 않으면 2100년에는 전 세계 GDP가 지금보다 21% 감소할 수 있다는 분석도 나왔습니다. 이렇게 되면 저소득 국가뿐 아니라 선진국도 기후변화의 경제적 충격에서 자유로울 수 없다는 뜻이죠.

5) 그렇다면 우리나라는 어떤 산업들이 가장 큰 영향을 받게 될까요?

기후변화에 가장 민감한 산업은 바로 탄소 배출이 많은 철강, 시멘트, 석유화학, 자동차 산업입니다. 여기에 농업, 수산업, 건설업처럼 날씨와 계절에 따라 생산량이 크게 변하는 산업도 큰 영향을 받을 수밖에 없습니다. 특히 수출 비중이 높은 우리나라 입장에서는 이런 산업이 흔들리면 경제 전반이 흔들릴 수 있어요.

6) 그러면 미국이나 유럽의 환경 규제들이 우리나라 산업에 직접적인 영향을 미칠 수도 있겠네요?

최근 미국과 유럽에서 만들어진 법과 제도 중에서 '탄소감축'과 '기후위기'가 반영된 것들이 많은데요. 대표적으로 올해 미국에서 통과될 가능성이 높은 청정경쟁법(CCA)은 철강, 시멘트, 석유, 화학과 같은 12개 품목에 탄소세를 매길 예정이고요. 2025년부터 원자재를 시작으로 2027년부터는 완제품까지 과세 대상이 확대됩니다. EU의 '탄소국경조정제도(CBAM)'도 2026년부터 시행됩니다. 마찬가지로 이와 같은 품목에 탄소세를 부과할 예정입니다. 이런 법들이 2025년 하반기부터 시행되면 한국 기업들이 약 2조 7000억 원의 탄소세 폭탄을 떠안아야 됩니다. 향후 EU의 탄소국경조정제도가 시행되면 그 부담은 더 커질 것으로 예상되고요. 결국 우리나라 GDP에 큰 악영향을 미칠 수 있습니다.

7) 그래서 녹색 전환, 즉 탄소를 줄이는 기술로의 전환이 중요한 거군요. 그런데 지금 미국 대선도 기후 정책의 흐름을 바꿀 중요한 변수로 떠오르고 있죠?

네, 정말 그렇습니다. 현재 투표가 진행 중인데요. 트럼프와 해리스, 두 후보는 기후변화에 대한 시각이 정반대입니다. 해리스는 바이든 정부의 기후 정책을 강화하겠다는 입장이고, 트럼프는 바이든의 기후 법안을 폐지하고 다시 화석 연료 중심으로 가겠다고 밝히고 있습니다.

8) 두 후보의 정책, 좀 더 구체적으로 비교해 주실 수 있을까요?

해리스는 인플레이션감축법(IRA)을 유지하고, 청정에너지 투자세액공제(ITC), 전기차 인센티브 등도 확대할 계획입니다. 반면 트럼프는 이를 폐지하고 석유, 가스 개발 확대, 전기차 보조금 폐지, 심지어 풍력에너지를 '헛소리'라고 부르며 규제 완화를 주장하고 있습니다. 특히 자원 채굴과 관련해서는 공공 토지 개방, 시추 규제 완화, 소형 원자로(SMR) 확대 등도 공언하고 있습니다.

9) 이런 변화가 우리나라에도 영향을 미칠까요?

당연하죠. 만약 해리스가 당선되면 한국의 전기차, 배터리 산업 등은 IRA 혜택을 계속 받을 수 있고, 미국 중심의 녹색 산업 생태계가 확대될 수 있습니다. 반면 트럼프가 당선되면 정책의 급격한 후퇴로 인해 전 세계의 녹색 기술 투자 흐름이 위축되고, 우리나라 기업들 역시 상당한 부담을 안게 될 수 있습니다.

10) 마지막으로, 우리가 가을 단풍을 보며 어떤 생각을 해 봐야 할까요?

단풍이 늦게 드는 것은 단순히 계절의 변화가 아니라, 기후위기의 징후일 수 있습니다. 이 아름다운 계절이 사라질지도 모른다는 경고로 받아들여야 합니다. 우리나라도 더는 늦추지 말고, 탄소 감축을 위한 전환 정책에 속도를 내야 합니다. 미국 대선의 결과와 관계없이, 우리는 우리의 길을 가야 할 시점입니다.

22.
거북이의 SOS:
진화하는 생명, 퇴보하는 인간

기후변화로 거북이는 알을 낳되, 모두 암컷만 태어납니다. 온도가 생물의 생존을 좌우하는 시대, 기후에 적응하는 동물과 적응하지 못한 인간의 이야기.

1) 요즘 우리나라도 기후변화로 인해 다양한 환경적 변화를 겪고 있는데요. 오늘은 어떤 주제로 이야기해 주실 건가요?

네, 오늘은 조금 특별한 주제를 준비했습니다. 해양 생태계에서 수백만 년 동안 살아온 바다거북이 기후변화 속에서 어떤 방식으로 적응하고 있는지 살펴보려고 합니다. 온도 변화가 새끼 성별을 바꾸기도 하고, 둥지를 트는 시기나 장소가 달라지기도 하거든요. 생존을 위한 바다거북이들의 전략이 참 흥미롭고, 또 우리가 배울 점도 많습니다.

2) 바다거북이는 기후변화에 특히 민감한 동물인가요?

네, 그렇습니다. 대표적으로 두 가지 이유 때문인데요.
첫째, 바다거북은 부화 온도에 따라 성별이 결정되는데, 기온이 높아질

수록 암컷 비율이 급격히 증가합니다. 보통 29.5도 이상이면 암컷이 많아지고, 33도 이상에서는 거의 전부 암컷이 됩니다. 둘째는 해안 환경 변화입니다. 둥지를 트는 해변이 침식되거나 온도가 너무 높아지면, 알 부화자체가 어려워지기도 합니다.

3) 최근 바다거북이 둥지를 트는 시기도 달라졌다고 하셨는데요. 어떤 변화가 있나요?

네, 대표적인 사례가 북키프로스(North Cyprus) 지역에서 진행된 연구입니다. 붉은바다거북(Loggerhead turtles)은 매년 평균 0.78일씩 더 일찍 둥지를 트고 있고요, 초록바다거북(Green turtles)은 해수 온도가 1도 오르면 6.47일 앞당겨 둥지를 튼다고 합니다. 이는 1991년부터 2022년까지의 장기 연구로 확인된 결과입니다. 거북이들이 기후변화에 따라 생식 행동을 본능적으로 조정하고 있다는 증거입니다.

4) 바다거북이 둥지를 트는 시기를 조절하는 건 학습인가요? 아니면 본능인가요?

기본적으로는 본능에 가까운 행동이지만, 경험이 많은 암컷일수록 환경 변화에 민감하게 반응한다는 연구 결과도 있습니다. 즉, 어느 정도 학습이나 기억을 통한 적응력도 함께 작동하고 있는 것으로 보입니다. 이런 적응력은 기후위기 시대에 생존에 큰 도움이 되겠죠.

5) 하지만 둥지 트는 시기가 계속 앞당겨진다면, 거북이에게는 문제가 되지 않을까요?

맞습니다. 기온 상승이 계속되면 어느 시점에는 앞당길 수 있는 한계에 부딪히게 됩니다. 또, 둥지 시기와 먹이 공급 시기가 엇갈리게 되면 새끼들이 살아남기 어려워지죠. 이는 번식률 저하로 이어질 수 있고, 개체 수 감소로 연결됩니다.

6) 그렇다면 바다거북이 둥지를 트는 장소를 바꾸는 것도 가능한가요?

일부 종은 둥지 위치를 북쪽이나 고위도로 이동시키는 경향을 보이고 있습니다. 예를 들어, 지중해 북부나 흑해 연안에서 과거보다 더 많은 둥지가 발견되기도 했고요. 하지만 이런 이동은 단기간에 일어나지 않고, 수세기에 걸쳐 축적된 경험과 경로를 기반으로 하기에 속도에는 한계가 있습니다.

7) 둥지를 인공적으로 보호해 주는 방법도 있을까요?

네, 실제로 많은 지역에서 인공 둥지 보호 작업이 이루어지고 있습니다.

예를 들어, 해변 위에 차광막을 씌워 부화 온도를 낮추거나, 인공 부화장을 만들어 알을 안전하게 부화시키고 바다로 보내기도 하죠. 또, 태국이나 하와이처럼 관광지 해변에 야간 조명 규제를 통해 새끼들이 바다로 향하는 길을 방해받지 않도록 하는 제도도 시행 중입니다.

8) 이런 노력에도 불구하고, 바다거북이 장기적으로 살아남을 수 있을까요?

쉽지 않은 도전이지만, 가능성은 충분히 있습니다. 다만 현재 기후변화 속도가 과거보다 너무 빠르기 때문에, 자연의 적응만으로는 한계가 있습니다. 그래서 인간이 서식지 보호, 기후변화 완화, 보호구역 확대 등을 적극적으로 해야 합니다.

9) 바다거북이가 새로운 해변으로 이동하면 어떤 문제들이 생기나요?

가장 큰 문제는 그 지역이 '안전하지 않을 수 있다'는 것입니다. 해변 개발, 조명 오염, 어망에 의한 혼획(混獲) 등이 새롭게 문제가 될 수 있죠. 그래서 예상 이동 경로를 미리 파악해 보호지역으로 지정해 두는 것이 중요합니다.

10) 일반 시민이 바다거북 보호를 위해 할 수 있는 일은 뭐가 있을까요?

생각보다 많습니다. 해변에서 쓰레기 남기지 않기, 그리고 플라스틱 사용 줄이기, 즉 거북이들이 플라스틱을 해파리로 착각하고 먹는 경우가 많습니다. 실제로 한국해양과학기술원 조사에 따르면, 우리나라 연안에서 구조된 바다거북 중 82%가 플라스틱을 섭취했고, 평균적으로 한 마리당 38개의 플라스틱 조각이 위장에서 발견됐다고 해요. 또한 야간 조명 줄이기를 통해서 새끼 거북이의 바다 이동 경로를 방해하지 말아야 합니다. 마지막으로 기후 위기 행동 실천인데요. 우리의 전기 사용, 교통수단, 식단 등도 영향을 줍니다.

11) 결국 바다거북 보호에서 가장 중요한 과제는 뭘까요?

거북이의 생존은 단순히 생태계 문제가 아니라 기후 정의, 지속가능성의 문제로 봐야 합니다. 정부의 정책, 기업의 투자, 시민의 실천 모두가 하나의 시스템으로 맞물려야 거북이도, 우리도 살아남을 수 있습니다.

12) 마지막으로 청취자들에게 한 말씀 부탁드립니다.

바다거북이는 수백만 년을 살아온 지구의 선배입니다. 이들이 사라진다는 건 단순한 종의 멸종이 아니라, 우리가 살아가는 이 지구의 변화 방향을 가리키는 경고입니다. 아이들이 "거북이? 그게 옛날에 살던 동물이지?"라고 묻는 시대가 오지 않도록, 지금 우리가 손을 내밀어야 합니다. 거북이의 생존은 곧, 우리의 생존입니다.

※ 바다거북을 지키는 시민 실천 방법

1. 해변에서는 '무인처럼' 떠나기
○ 쓰레기를 남기지 않는 것, 이건 기본입니다.
○ 특히 플라스틱 조각, 낚싯줄, 담배꽁초 등은 새끼 거북이의 이동을 막고, 생명을 위협할 수 있어요.
○ 모래 위에서 차를 몰거나 캠프파이어를 하는 것도 금물! 알이 깨어나기도 전에 눌려 버릴 수 있습니다.

그린스완의 시대

2. 플라스틱 사용 줄이기

o 바다거북은 플라스틱을 해파리로 착각하고 먹는 일이 흔합니다.

o 한국해양과학기술원(KIOST) 연구에 따르면, 한국 연안에서 구조된 바다거북 중 82%가 플라스틱을 섭취했고, 평균 한 마리당 38개의 플라스틱 조각이 위장에서 발견됐습니다.

o 특히 일회용 비닐, 빨대, 컵 뚜껑, 포장재 등이 주요 원인입니다.

∨ 장바구니, 텀블러, 다회용 빨대 사용이 거북이를 살립니다.

3. 야간 조명 줄이기

o 바다거북은 달빛을 따라 바다로 향합니다.

o 해안가의 인공조명은 새끼 거북이의 방향 감각을 잃게 하고, 심하면 도로로 가다 죽기도 해요.

o 해안가 조명 줄이기 캠페인(예: Lights Out for Sea Turtles)이 전 세계에서 확산 중입니다.

∨ 해변 방문 시 손전등 사용 자제, 캠핑 시 조명은 낮추기

4. 기후위기 대응은 곧 바다거북 보호

o 지구 온도가 1도 올라가면, 모래 온도도 올라가서 태어나는 거북이의 90%가 암컷이 되는 현상도 있습니다.

o 또한 둥지를 트는 시기도 변화해 먹이 시기와 엇갈리며 생존에 어려움을 겪어요.

5. 탄소 발자국을 줄이는 생활

o 가까운 거리는 걷거나 자전거 타기

o 전기 절약, 탄소중립 인증 상품 구매

o 채식 중심 식단 시도도 도움이 됩니다.

▶ 이 작은 행동들이 쌓여서, 바다거북이 수백만 년 더 바다에서 헤엄칠 수 있는 힘이 됩니다.

23.
녹아내린 문화유산:
기후에 무너지는 우리의 기억

히말라야 빙하뿐 아니라, 유네스코 문화유산도 기후위기의 피해자입니다. 과거의 유산이 현재의 온도에 의해 사라지고 있습니다.

1) 오늘의 주제는 무엇인가요?

요즘 기후변화가 전방위적으로 영향을 미치고 있습니다. 너무 더워서 농산물 값이 폭등하더니, 인도에서는 '시멘트 마늘'이라는 황당한 사기 사건까지 벌어졌고요. 이상기후는 이제 문화유산까지 위협하고 있습니다. 특히 복원에 쓰이던 금강소나무가 고사 위기에 처했고, 기온 상승으로 아열대 작물이 노지에서 자라고, 기후 정책을 둘러싼 국내 첫 기후소송의 판결도 곧 나올 예정입니다. 오늘은 이 흥미롭고도 중요한 이야기들을 다뤄 보겠습니다.

2) '시멘트 마늘'이라니, 정말 황당하네요. 어떤 사연인가요?

정말 믿기 힘든 사건인데요. 최근 2024년 8월 인도에서 마늘 값이 폭등하자, 일부 상인들이 시멘트를 마늘 모양으로 만들어 흰색으로 칠해 진짜 마늘에 섞어서 팔았다는 겁니다. SNS에 피해자가 올리면서 "시멘트 마늘 사기"가 퍼졌고요. 지금 인도 마늘 값은 1kg당 300루피(약 4700원)였던 마늘이 최근에는 350루피(약 5500원)까지 오르면서 이런 사태가 발생한 것인데요. 그 원인은 다름 아닌 폭염이었습니다. 기후변화가 농산물 사기 사건까지 불러오고 있는 셈이죠.

3) 기후재앙이 문화유산에도 영향을 미친다면서요?

맞습니다. 기후위기는 이제 문화유산도 위협하고 있습니다. 기후재앙이 문화유산에 미치는 영향을 살펴보면, 최근 사례로 서울 한양도성 붕괴를 들 수 있습니다. 지난 2024년 7월, 유네스코 세계유산 등재를 앞두고 있던 서울 한양도성 백악구간 성벽 일부가 무너졌습니다. 이 성벽은 약 620년의 역사를 가진 조선 시대 유산으로, 백악산 등산로 일부도 임시 폐쇄됐고, 복구에는 약 3~4년이 소요될 전망입니다.

기후변화로 인한 피해가 급증하고 있는데요. 2024년 6~7월 한 달 사이, 국가 등록문화재 피해는 49건, 연초 이후 누적 피해는 총 74건에 달합니다. 피해 유형으로는 성벽 붕괴, 지반 침하, 누수, 곰팡이, 목재 손상 등이 포함됩니다.

이 역시 이상기후가 원인인데요. 기온 상승, 국지성 호우, 장마, 폭염 등은 문화재 구조물의 물리적 내구성을 약화시킵니다. 돌과 목재, 회벽 등 전통 건축 자재는 급격한 온도·습도 변화에 매우 민감합니다.

유네스코는 2023년 보고서에서 기후변화가 세계문화유산의 최대 위협

요인 중 하나라고 지적했습니다. 특히 이탈리아의 베네치아, 이집트의 룩소르, 페루의 마추픽추, 남극의 역사 탐험 유적지 등이 해수면 상승, 폭우, 지반 침식 등으로 위험하다고 경고했습니다.

따라서 정부는 기후적응형 보존 관리가 필요한데요. 단순한 복원보다, 이상기후를 고려한 예측 기반 관리 체계로 전환해야 합니다. 그리고 기후 리스크 평가 의무화를 통해 문화유산 관리기관이 기후영향을 정기적으로 점검하고, 사전 경고 시스템을 갖춰야 합니다. 또한 지속가능한 재료와 기술 도입으로 복원 시 친환경 재료와 ICT 기술을 접목하여 탄소배출도 줄이고, 기후 회복력을 높여야 합니다.

결국 기후위기는 단지 자연의 위협이 아니라, 우리의 역사와 정체성까지 흔들 수 있는 위협입니다. 한양도성의 붕괴는 문화재 보존의 시대적 패러다임 전환을 요구하는 신호탄일지도 모릅니다. 이제는 문화유산도 '기후적응 시대'에 맞게 보존되어야 할 유산입니다.

4) 기후변화가 정말 문화재까지 '할퀴고' 지나가네요.

그렇습니다. 특히 흰개미와 같은 유해 생물이 늘면서 목조 문화재가 급격히 부식되고 있습니다. 문화유산연구원 조사에 따르면 2016~2019년 사이, 흰개미 피해를 입은 문화유산이 전체의 89.5%에 달했고요. 기후변화로 평균 기온이 오르면서 흰개미의 활동 시기와 먹이 섭취량도 증가하고 있다고 합니다. 또 장기적으로는 해수면 상승으로 해안가 문화재가 침식될 수 있다는 경고도 나오고 있습니다. 피해 확산을 막기 위해 지속적인 문화유산 피해 상황을 모니터링 해야겠고요. 보수가 시급한 문화예산의 경우에는 시급히 예산 확보해서 피해를 최소화해야겠습니다.

5) 그 문화재 복원에 사용되는 금강송도 위기라면서요?

네, 말씀하신 대로 바로 울진 금강소나무 이야기인데요. 궁궐 건축이나 국보 복원에 사용되는 '문화재 전용 목재' 금강송이 대규모 고사하고 있습니다. 600년 된 '대왕송'도 이미 잎이 붉게 말라 가고 있고요. 산림청 조사에 따르면 2021년부터 2년간 울진과 봉화에서 고사한 금강송이 천여 그루 된다고 하고요. 이전까지 한 해에 평균 100여 그루가 고사한 것을 감안하면 5배 이상 증가한 수치입니다.

6) 원인은 역시 기후변화인가요?

그렇습니다. 겨울엔 따뜻하고 여름엔 극심한 폭염과 가뭄 등 기후변화로 인한 극한 기후가 수분과 생육환경을 악화시키고 있습니다. 산림청은 밀도 조절 및 생육환경 개선을 통해 고사 확산을 막겠다고 밝혔지만, 이미 상당수는 위태로운 상황입니다.

7) 문화유산은 대부분 야외에 있잖아요. 실내로 옮길 수도 없고요. 대응이 필요해 보입니다.

맞습니다. 이번 사건들을 계기로, 이제는 문화유산 보존 정책도 기후변화를 전제로 짜야 할 시점입니다. 피해 가능성이 높은 지역에 대해서는 예방·조기경보 시스템과 복원 전략이 필요합니다. 기후변화는 단순한 환경 문제가 아니라 문화의 존속과도 직결된 문제입니다.

8) 그런데 기온이 올라가면서 노지에서도 아열대 작물을 키울 수 있다고요?

맞습니다. 기후변화로 인해 아열대 작물이 비닐하우스 없이 노지에서도 재배되는 사례가 늘고 있습니다. 예를 들어 '오크라'라는 아열대 채소는 원래 동남아, 아프리카에서 자라는 작물인데요. 이제는 충남에서도 노지 재배가 가능합니다. 제주도나 남해안이 아닌 내륙 지방까지 아열대화가 진행되고 있는 셈이죠.

9) 기후변화가 식탁까지 바꾸고 있네요?

그렇습니다. 전문가들은 현재 추세가 이어진다면 약 60년 후면 강원도를 제외한 전국이 아열대 기후권에 포함될 것이라고 예측합니다. 우리가 먹는 작물, 농업 방식, 식생활 패턴까지도 기후에 따라 완전히 달라질 수 있는 시대입니다. 우리 식탁에도 큰 변화가 나타날 것으로 예상됩니다.

10) 이제 곧 기후소송 판결도 나온다면서요?

맞습니다. 2024년 7월 29일은 우리나라 기후정의 역사에서 중요한 날이 될 수 있습니다. 국내 첫 기후소송으로 헌재 선고가 임박했는데요. 사건 개요는 이렇습니다. 2022년, 청소년과 시민단체 200여 명이 헌법재판소에 '기후위기 대응을 위한 헌법소원'을 제기했고요. 주장 내용을 살펴보면, 정부의 온실가스 감축 목표(NDC)가 지나치게 낮아 실효성이 없으며, 이로 인해 생명권, 건강권, 환경권, 행복추구권 등 헌법상 기본권이 침해되었다는 것입니다.

따라서 핵심 쟁점은 정부가 제시한 2030년까지 40% 감축 목표가 과연 헌법상 의무를 다한 것인가? 기후위기에 대한 정부의 조치가 '국민 보호 의무'를 위반했는가? 등입니다.

기후소송은 이미 전 세계적인 흐름입니다.

[해외 판결 사례와 흐름]

국가	판결 요지
독일	2021년 헌법재판소가 "정부의 기후법은 미래 세대의 권리를 침해했다"고 판결
네덜란드	정부에 온실가스 감축 목표 상향 명령('우르헨다' 판결, 2019)
미국 몬태나	16명의 청소년이 "깨끗한 환경을 누릴 권리"를 인정받아 승소(2023년)
한국	최초의 헌재 판단, 향후 국가 기후 정책에 지대한 영향 예상

이번 헌재 결정이 중요한 이유는 기후위기 대응에 있어 사법부가 첫 기준을 세우는 판결이기 때문입니다. 만약 헌법상 생명권, 환경권 침해를 인정한다면, 이후 정부의 기후 정책 수립 시 더 강력하고 구체적인 감축 계획이 요구될 수 있습니다. 다른 시민·단체들의 집단소송과 입법운동에 물꼬를 트는 판례가 될 수 있습니다. 반대로 기각될 경우, 사법적 개입의 한계를 드러내면서 정치권과 입법기관의 책임론이 부각될 수 있습니다.

따라서 이번 기후소송은 단지 법적 판단을 넘어서, 기후위기에 대한 국가 책임, 그리고 미래세대의 권리를 어디까지 보장할 것인가에 대한 질문입니다.

7월 29일, 헌법재판소의 판결이 향후 한국형 기후정의의 첫 기준점이 될 수 있기를 기대해 봅니다.

11) 국내 첫 기후소송, 이번 판결의 의미는 어떻게 봐야 할까요?

아주 큽니다. 아시아 최초로 기후소송에 대해 헌재가 공개 변론을 연 사례이고요. 먼저 지난 4월 스위스에서 할머니들이 스위스 정부를 상대로 유럽인권재판소에 제기한 기후소송에서 승소한 판례가 있습니다. 기후소송 관련 사건에 길을 열어 줬다는 의미로 크게 영향을 미칠 것 같고요. 이런 세계 나라들의 판결을 통해서 기후 문제를 구체적 권리로 인정하고 있다는 점에 주목할 필요가 있겠습니다. 많은 나라들이 최종 법적 판단이 기후변화가 인권과 기본권의 문제이고 탄소 감축 목표에 대응하지 못하는 정부는 의무 위반이라는 판단을 내리고 있어서. 이번 판결이 "기후변화는 헌법적 권리의 문제"라는 중요한 법적 선례가 될 가능성이 크고요. 향후 아시아 전역의 기후소송에 영향을 미칠 수 있는 기준점이 될 수 있습니다. 기후위기에서 시작된 국민의 문제 제기가, 이제 법과 제도의 변화를 이끄는 강력한 목소리가 되고 있습니다.

12) 마무리 말씀 부탁드립니다.

기후변화는 사기 사건부터 농업, 문화유산, 헌법까지, 우리 사회 모든 영역에 깊숙이 영향을 미치고 있습니다. 이제는 '기후적응'이 아니라 기후 회복과 전환의 시대, 우리의 대응이 늦지 않도록 주목해야 할 때입니다.

24.
김치의 멸종? 기후변화가 밥상을 바꾼다

김치가 사라질지도 모릅니다. 고랭지 배추는 점점 자라기 어렵고, 수입 김치의 비중은 늘어납니다. 밥상의 미래가 위협받고 있습니다.

1) 요즘 아침저녁으로 선선한 바람이 불고 있지만, 주말엔 다시 폭염이 찾아온다고 하네요. 오늘의 주제는 무엇인가요?

네, 맞습니다. 절기상으로는 이미 백로가 지났지만, 여전히 낮 기온은 30도를 웃돌고 있습니다. 가을이 오긴 오는 걸까요? 최근 기상청 통계를 보면, 지난 100여 년간 가을의 시작이 점점 늦어지고 있다고 해요. 1930년 대엔 9월 17일, 2010년대 이후에는 9월 29일쯤이 가을의 시작이었습니다. 오늘은 이처럼 늦춰지는 계절 변화, 그리고 기후변화가 우리의 식탁과 농수산물, 특히 '김치'에 어떤 영향을 주고 있는지 자세히 나눠 보겠습니다.

2) 기온이 높아지면서 계절 감각도 바뀌고 있나 봐요. 김치까지 기후변화의 영향을 받는다는 이야기는 조금 충격적인데요.

맞습니다. 기후변화가 단지 폭염이나 홍수만의 문제가 아니라, 우리가 매일 먹는 음식 문화에도 직접적인 영향을 미치고 있다는 점, 점점 더 체감되고 있습니다.

최근 외신 CNN은 "기후변화로 한국의 김치가 사라질 수 있다"는 보도를 냈습니다. 이 보도의 핵심은 다음과 같습니다. 김장철 배추의 약 70% 이상이 강원도 평창, 정선, 고랭지 지역에서 생산되고 있습니다. 그러나 여름철 평균 기온이 상승하면서, 배추가 뿌리내리기 어렵고 병해충이 급증하고 정상적인 생장 조건이 깨지는 상황입니다. 농촌진흥청은 "25년 내에 고랭지 배추 재배 면적이 급격히 줄고, 2090년 이후에는 재배 자체가 어려울 것"이라고 경고했습니다.

[김치의 위기, 단순한 식탁의 문제가 아닙니다]

기후변화 영향	결과
배추 수확 감소	가격 급등(김장철 배춧값이 2~3배 오르는 사례도 반복)
생산 불안정	김치 수입 의존도 증가(이미 일부 업체는 중국산 배추 사용 중)
전통 문화 위협	김장 문화의 지속가능성 저하, 유네스코 등재된 식문화의 위기

단기적으로는 내열성 품종 개발, 수경재배 확대, 농업 기술 투자로 버틸 수 있지만, 기후위기 자체를 막지 않으면 김치도, 고랭지 농업도 미래가 없습니다. 기후변화는 우리의 식탁까지 잠식하고 있습니다.

한국인의 정체성이자 세계가 주목하는 음식, 김치조차 '지속가능성'을 걱정해야 하는 시대입니다. 이제는 탄소 배출을 줄이고, 농업과 식생활 구조 전반을 기후 친화적으로 재편할 필요가 있습니다. 김치를 지키는 길은 결국 기후를 지키는 길입니다.

3) 김치가 우리 식탁에서 사라질 수도 있다니 상상도 하기 싫습니다. 이미 수입 김치가 많다던데요.

그렇습니다. 김치가 한국인의 정체성을 상징하는 음식임에도 불구하고, 기후변화와 국내 농업 불안정성으로 인해 수입 김치 의존도가 빠르게 높아지고 있는 현실입니다.

관세청 자료에 따르면, 2024년 1월~7월 기준 김치 수입액은 9,850만 달러, 한화 약 1,300억 원에 달합니다. 90% 이상이 중국산입니다. 특히 김장철이나 배춧값이 급등할 때마다 수입 김치 의존은 더욱 높아지는 구조입니다.

[국산 김치 경쟁력, 흔들리는 이유]

원인	영향
기후변화로 배추 작황 불안정	배추 가격 급등 → 김치 생산비 증가
내열성 품종 개발·농업 자동화 미흡	생산성 하락, 고령 농업 인력 의존
중국산 대비 높은 인건비·재료비	가격 경쟁력 약화 → 소비자 수입 김치 선택 증가

예를 들어, 2023년 김장철에는 배추 한 포기 가격이 7,000원을 넘는 사례도 있었고, 중국산 김치는 같은 양 기준 30~50% 저렴하기 때문에 급식·외식업체들은 국산 대신 수입 김치를 선택하고 있습니다.

단순한 수입 의존은 식문화와 주권 문제로 이어질 수 있어요. 식량 안보와 식문화 주권이라는 측면에서, 단순한 가격 문제를 넘어서 전통 식문화의 지속성 위기로 해석해야 합니다. 김치는 유네스코 인류무형문화유산에 등재된 세계적인 문화 자산이지만, 원재료 자급률 하락과 기후 위기로 그 기반이 흔들리고 있습니다.

4) 정부 차원의 대책이 필요해 보이는데요. 어떤 준비가 진행되고 있나요?

정부는 대규모 저장 시설을 통해 기후조절 방식으로 수급을 조절하거나, 더위와 병해에 강한 품종을 개발하고 있어요. 다만, 이런 품종이 기존 품종보다 맛이 떨어지거나 재배 비용이 높아지는 등 부작용에 대한 우려도 있습니다.

그래서 다음과 같은 대응이 필요합니다.

첫째, 기후변화 대응형 농업 체계 구축으로 내열성 품종 개발, 스마트 농업 기술을 확대하고,

둘째, 김치 원재료 자급률 제고로 고랭지 배추 재배지 다변화, 새만금 등 간척지를 활용하고,

셋째, 국산 김치 소비 촉진 정책으로 급식·공공기관 중심의 국산 김치 의무 사용을 확대하여,

마지막으로 탄소중립 식생활 캠페인을 통해 지역 농산물 소비 장려해서 배달거리·에너지 소비를 감축해야 합니다.

"김치"는 단순한 음식이 아니라 기후 정책과 식량안보, 문화 보존이 만나는 지점입니다. 우리 식탁을 지키는 일은 결국 기후를 지키는 일과 맞닿아 있습니다.

5) 김치뿐 아니라 벼농사도 타격이 있다고요?

네, 추수가 다가오면서 벼멸구 피해가 우려되고 있습니다. 벼멸구는 중국에서 날아오는 해충인데요. 평균 기온이 높아지면서 이 해충이 번식하기 좋은 환경이 조성된 겁니다. 전북 지역의 중산간부 논에서 특히 많이 발생하고 있다고 하네요.

6) 농산물뿐만 아니라 수산물 시장도 혼란이 예상된다고 들었습니다.

맞습니다. 기후변화로 인해 해수 온도가 상승하면서 양식 어종의 폐사, 어장 변화가 나타나고 있습니다. 해양수산부도 관련 TF를 꾸려서 대응에 나섰고요. 수온 상승으로 인해 어획량이 급감하거나 어종 분포가 바뀌는 일이 실제로 일어나고 있습니다.

7) 추석을 앞두고 식탁 물가가 걱정입니다. 정부는 어떤 대응을 하고 있나요?

농림축산식품부는 기후변화 대응 수급 TF를 발족했고요. 내년도 농업 SOC(사회간접자본) 안전 예산도 1조 3천억 원 규모로 확대 편성됐습니다. 노후 수리시설 개보수, 침수 피해 농경지 정비 등 재해 대응 능력을 강화하는 데 집중할 예정입니다.

8) 마지막으로, 기후위기에 맞선 우리의 대응 방향, 어떤 점을 강조하고 싶으신가요?

이제 기후위기는 더 이상 환경의 문제가 아니라 식탁, 경제, 생계의 문제입니다. 우리가 좋아하던 음식, 우리가 살아가던 방식이 조금씩 흔들리고 있어요. 정부와 기업의 대응도 중요하지만, 시민 한 사람 한 사람의 인식과 행동 변화도 필요합니다. 지금은 기후 재난을 넘어 기후 대책, 나아가 기후 혁명의 시대입니다. 우리 농수산물과 식탁을 지키기 위한 준비, 지금부터 함께 해 나가야 합니다.

25.
야구도, 올림픽도 더 이상 예전 같지 않다

스포츠는 계절에 의존하는 산업입니다. 폭염에 중단된 야구 경기, 무더위에 바뀐 올림픽 경기 시간, 스포츠도 기후에 적응 중입니다.

1) 오늘도 폭염 특보가 이어지고 있습니다. 오늘의 주제는 무엇인가요?

네, 17일간의 파리올림픽이 막을 내렸습니다. 이번 대회는 탄소중립을 표방한 첫 올림픽으로 큰 의미가 있었죠. 그런데 한편으로는 기후변화로 인한 폭염이 올림픽 운영에 큰 영향을 미쳤습니다. 그리고 국내에서는 프로야구 경기마저 폭염으로 영향을 받고 있는데요. 오늘은 기후변화가 스포츠, 특히 야외 스포츠에 어떤 영향을 미치고 있는지 이야기해 보겠습니다.

2) 파리 올림픽은 금메달 13개라는 쾌거로 끝났죠. 기후변화에 대한 메시지도 강했다고요?

네, 맞습니다. 2024 파리 올림픽은 경기력뿐 아니라 기후위기 시대의 지속가능한 스포츠 이벤트라는 측면에서도 매우 인상 깊은 대회였습니

　　　　　　　　　　　　　그린스완의 시대

다. 간단히 정리하면 다음과 같습니다.

[파리 올림픽의 기후 메시지: "탄소중립 올림픽의 시대 개막"]

항목	내용
탄소중립 선언	역사상 최초로 '탄소중립'을 핵심 목표로 내세운 올림픽
기존 인프라 재활용	전체 경기장의 95% 이상을 기존 시설 또는 임시 시설로 구성
재생에너지 사용	경기장 전력의 상당 부분을 재생에너지(태양광·수력 등)로 충당
저탄소 식단 제공	선수촌과 관중에게 채식 기반 식단 확대, 지속가능한 식재료 사용
대중교통 확대	올림픽 기간 동안 차량 통제를 강화하고 전기버스 및 자전거 중심 교통망 운영
탄소 크레딧 활용	필연적으로 발생한 탄소배출량은 탄소 상쇄 프로젝트(아프리카 재조림 등)를 통해 보상

이어지는 2028년 LA 올림픽 역시 파리 모델을 계승할 계획인데요. LA는 "건설 없는 올림픽"을 지향합니다. 기존 UCLA 캠퍼스의 기숙사, 체육관, 경기장 등을 100% 재활용해 신규 시설 제로(Zero New Construction)를 목표로 삼았고요. 탄소배출 최소화, 친환경 물류 시스템 구축, 전기차/수소버스 도입 확대 등 지속가능한 도시 올림픽이라는 명확한 방향을 제시하고 있습니다.

앞으로 국제 대형 이벤트는 단순한 '스포츠 축제'를 넘어서, 기후 위기에 대한 글로벌 메시지 플랫폼으로 진화할 가능성이 큽니다. 개최국들은 경제성, 환경성, 시민참여라는 세 가지 지속가능성 원칙을 충족시켜야만 국제사회의 지지를 받을 수 있게 되었습니다. 이는 2036년 올림픽 유치 경쟁에서도 중요한 평가 기준이 될 수 있으며, 한국도 이에 걸맞은 ESG형 유치 전략을 고민할 필요가 있습니다.

결론적으로, 파리 올림픽은 "탄소중립의 무대에서 펼쳐진 경기"였고, LA 올림픽은 "기후전환의 무대"가 될 것입니다. 스포츠의 미래는 기후와 함께 움직이고 있습니다.

3) 올림픽이 기후변화로 달라졌다는 표현이 맞을까요?

네, 맞습니다. 폭염으로 인해 선수들의 컨디션 조절이 어려워졌고, 처음엔 에어컨 없는 올림픽을 지향했지만, 결국 2,500여 대의 에어컨을 선수단 요청에 따라 허용하기도 했습니다. 파리올림픽조직위와 카본마켓워치에서 제시한 자료에 따르면, 탄소 발자국 측면에서는 런던 올림픽 340만 톤, 리우 360만 톤, 도쿄 270만 톤(코로나로 관람객 제한이 있었던 상황), 파리는 175만 톤이 목표였습니다.

4) 목표는 낮췄지만 실제론 더 배출됐을 가능성도 있다면서요?

그렇습니다. 관람객 탄소배출이 전체의 절반 이상을 차지한다고 국제올림픽위원회(IOC)는 밝혔고요. 1만 명의 선수, 6만 명의 스태프, 1,500만 명의 관람객이 함께한 만큼 실제 배출량은 300만 톤에 육박할 것이라는 분석도 나왔습니다. 게다가 탄소배출권 거래를 통해 수치를 낮춰 보이게 했다는 비판도 있습니다. 프랑스는 150만 톤 분량의 탄소배출권을 구매했고, 일본도 도쿄 올림픽 때 400만 톤을 구입했죠.

5) 이제는 스포츠 대회도 탄소총량 관리가 필수인 시대군요. 국내 프로

그린스완의 시대

야구는 어떤 상황인가요?

올여름 역대급 폭염으로 인해 프로야구 경기들이 취소되거나 경기 시작 시간이 조정되고 있습니다. 주말 경기 시작 시간을 오후 6시로 1시간 늦췄고요, 이는 단지 더위 때문만이 아니라 선수 부상 방지, 경기력 저하 방지 때문입니다. 기후변화로 인해 야구 시즌 자체가 재설계될 수도 있다는 이야기도 나오고 있습니다.

6) 최근 타이거즈와 베어스의 이례적인 점수 차도 화제가 됐죠?

네, 30:6, 야구 역사에 남을 스코어였습니다. 야구팬들 사이에선 "이건 핸드볼 경기냐?"는 우스갯소리도 나왔고요. 이런 '타고투저' 현상, 즉 타자 위주의 경기 흐름이 최근 기후변화와도 관련이 있다는 분석이 나옵니다.

7) 기후변화와 야구 스코어가 어떤 관련이 있나요?

맞습니다. 얼핏 들으면 엉뚱하게 들릴 수 있지만, 기후변화와 야구 경기, 특히 '홈런 수' 간에는 실제 과학적 연관성이 존재합니다. 쉽게 설명드리면 이렇습니다.

기온이 오르면 공기 밀도가 낮아집니다. 따뜻한 공기는 차가운 공기보다 가볍기 때문에, 공기 저항(Drag Force)이 줄어듭니다. 그러면 타자가 같은 힘으로 공을 쳐도 공이 더 멀리 날아가게 되는 거죠.

이 효과는 특히 홈런 비거리에 직접적인 영향을 줍니다. 예를 들어, 기온이 1도 오를 때마다 평균적으로 비거리가 0.6~1미터 증가한다는 연구 결과가 있습니다. 이는 외야 담장을 넘느냐 못 넘느냐를 가를 수 있는 수치입니다.

2023년 미국 다트머스 대학 연구팀은 MLB 데이터를 60년 이상 분석했는데요, 대기 온도가 높은 날 홈런 비율이 평균 14% 증가했다는 결과가 나왔습니다. 앞으로 2100년까지 지구 평균 기온이 2~3도 상승할 경우, 연간 수백 개의 홈런이 기후변화 때문에 더 늘어날 수 있다는 전망도 제시했죠.

단순한 통계 이상으로, 기후변화가 스포츠 경기 결과와 전략에까지 영향을 미칠 수 있다는 점을 보여 줍니다. 예를 들어 투수와 포수의 볼 배합 전략이나 야구장 설계(펜스 거리, 높이), 야구공 재질 등도 새롭게 조정이 필요해질 수 있습니다.

기후변화는 단지 북극곰이나 해수면 상승만의 문제가 아닙니다. 우리가 좋아하는 스포츠, 그리고 그 안에서 벌어지는 전략, 기술, 기록까지도 변화시키고 있다는 점에서 기후위기의 일상화를 보여 주는 또 하나의 사례라고 할 수 있습니다. 한마디로, 뜨거워진 지구가 '홈런'을 늘리고 있는 시대입니다. 야구장에서도 기후위기를 마주하고 있다는 사실, 생각보다 강렬하지 않나요?

8) 탄소배출량에 따라 홈런 수가 바뀐다는 말인가요?

네, 맞습니다. 기후변화가 계속될 경우 2050년에는 홈런이 연간 192개, 2100년엔 467개 더 늘어날 것이라는 분석이 있습니다. 반대로 탄소배출을 줄이고 친환경 경제로 전환하면 2100년 홈런 증가 수를 130개로 억제할 수 있다는 거죠. 기후변화와 스포츠 통계의 만남, 정말 흥미로운 지점입니다.

9) 야구팬들에겐 재미있는 통계지만, 타이거즈 팬에겐 최악의 날이었겠네요?

그렇죠. "6:30이 경기 시작 시간인가요?" 타이거즈 SNS에 올라온 댓글인데, 사실은 스코어(6:30)였던 겁니다. 팬들 마음에 기록적인 충격을 남긴 날이었죠. 그만큼 날씨가 경기력과 결과에 직접 영향을 주는 시대가 되었습니다. 탄소배출과 홈런이라는 이 두 개의 변수 간의 상관분석이 재미있죠. 기후변화와 관련된 숨겨진 통계의 힘을 이해할 수 있죠.

10) 마무리 말씀 부탁드립니다.

이제는 프로야구 구단들도 에너지 사용 줄이기, 재생에너지 도입, 환경 캠페인 확대 등 기후위기에 대응하는 전략을 고민해야 할 때입니다. 기후변화는 선수, 경기 운영, 팬 문화까지 모두 바꿔 놓고 있습니다. 지속가능한 스포츠 생태계를 위해 이제는 '기후방학'이 필요한 시점입니다. 우리가 기후를 위한 시간을 잠시 멈추고 되돌아봐야 할 때인 것 같습니다.

26.
파리올림픽이 흔들리고, 국제질서가 출렁인다

올림픽이 기후 이슈로 흔들릴 줄은 몰랐습니다. 폭염, 안전 문제, 에너지 사용… 스포츠는 글로벌 기후질서의 시험대가 되고 있습니다.

1) 오늘도 폭염이 이어지고 있습니다. 오늘의 주제는 무엇인가요?

네, 정말 더운 날씨입니다. 이런 폭염 속에서 파리올림픽이 열리고 있는 데요. 기후변화가 올림픽을 흔들고 있다는 이야기가 나오고 있습니다. 또한, 미국 대선의 변수, 각국의 기후 정책 변화, 그리고 우리 기업과 지역이 어떻게 대응해야 하는지까지, 기후변화가 바꾸는 국제정세를 폭넓게 다뤄 보겠습니다.

2) 최근 폭염으로 소방관이 숨지는 안타까운 일도 있었는데, 파리올림픽 도 피해가 있나 보죠?

그렇습니다. 최근 발표된 '지중해 폭염 원인 분석' 보고서에 따르면, 화석연료 사용이 없었다면 현재 파리의 온도는 약 3도 낮았을 것이라는 분석이 나왔습니다. 즉, 지금의 폭염은 인간이 만들어 낸 재난이라는 거죠. 미국 NGO 기후연구 단체인 '클라이밋 센트럴(Climate Central)' 조사에서 실제 파리에서 첫 번째 올림픽이 열린 1924년 이후 100년간 급격한 산업화로 인해서 파리의 7-8월 연간 기온이 3.1도 상승했다고 하고요. 1924-1933년까지 파리에서 30도가 넘는 날씨는 69일이었는데 최근 2014년부터 2023년까지 10년간 188일로 폭염(유럽 기준 30도 이상)이 약 2.7배 증가했습니다. 이런 상황에서 선수들은 잠을 설칠 정도로 건강에 위협을 받고 있고요.

3) 이번 올림픽, '친환경'을 앞세웠던 만큼 대회 운영에 여러 이슈가 있었죠?

맞아요. 파리올림픽 조직위는 친환경 올림픽을 위해 선수촌에 에어컨을 설치하지 않았습니다. 결국 더위에 지친 선수들 사이에서 불만이 터져 나왔고요. 이탈리아 배영 선수 토마스 체콘은 경기 후 인터뷰에서 "최상의 컨디션이 아니었다", "환경이 경기력에 영향을 줬다"고 말했습니다.

4) 식단, 경기장, 운영 방식까지 환경 중심으로 바뀌었다고요?

네. 선수촌 식당에서는 채식 위주의 식단을 제공하고 있는데, 단백질 보충을 위해 각국 대표팀이 자체 식자재를 조달하는 상황도 벌어지고 있습니다. 또 하나, 서핑 경기는 파리에서 1만6천km 떨어진 타이티 섬에서 열리고 있는데요. 해양 생태계를 보호해야 할 친환경 올림픽이 산호초를 훼손하며 대형 구조물을 설치한 점에서 비판을 받았습니다. 환경단체의 요구로 규모를 줄였지만, 이러한 갈등은 기후위기가 스포츠의 운영 방식까지 바꿔 놓고 있다는 반증입니다. 이렇듯 기후위기가 쏘아올린 공으로 하계 올림픽이 사라질 수도 있겠습니다.

5) 기후 정책도 미국 대선 결과에 따라 크게 바뀔 수 있겠군요?

맞습니다. 바이든 대통령이 재선을 포기하면서, 카멀라 해리스 부통령이 민주당 후보로 나서게 되었죠. 그런데 이 두 사람 사이에서도 기후 정책의 강도가 다릅니다. 해리스 부통령은 2019년에 10조 달러 규모의 기후 계획을 내놓았는데요. 바이든 정부의 'IRA'보다도 더 공격적인 기후 대응안입니다.

6) 해리스 후보의 기후 정책, 구체적으로 어떤 내용이 있나요?

네, 카멀라 해리스 부통령이 제안하고 있는 기후 정책은 기존 바이든 행정부의 기조를 계승하면서도, 보다 강력한 환경 정의(Environmental Justice)와 책임 있는 탄소 감축을 핵심으로 하고 있다는 점에서 주목할 만합니다.

[해리스 후보의 주요 기후 정책 내용]

정책 분야	주요 내용	특징 및 배경
1. 화석연료 보조금 폐지	연방 정부가 석유·가스 산업에 지급하는 각종 세금 감면 및 보조금 중단	연 200억 달러 이상 절감 가능(IEA 추정)

그린스완의 시대

2. 기후오염세 (Carbon Pollution Fee)	탄소 배출량에 따라 산업체에 비용 부과 → 시장 기반 감축 유도	"오염자는 반드시 대가를 치러야 한다"는 원칙
3. 환경 소송 이력	캘리포니아 법무장관 시절, 메탄 누출 사건 및 석유 유출 사건 소송 제기 → 수억 달러 규모 합의 이끌어 냄	기후 책임 기업에 대한 강경 대응 성향
4. 환경정의 (Environmental Justice)	유색인종·저소득층 커뮤니티 보호를 위한 기후 예산 확대 약속	공공의료, 에너지 비용, 주거 문제와 연계 정책 추진
5. 기후 위기와 여성·아동 문제 연결	여성과 아동이 기후위기의 취약계층임을 강조 → 젠더 기반 정책 통합 의지	UN SDGs(지속가능발전목표)와 일치하는 접근

정책 성향을 요약하자면, 기후 정책을 '정의의 문제'로 인식하면서 '누가 더 취약하고, 누가 더 부담해야 하는가'에 주목하고 있습니다. 그리고 탄소배출에 대한 명확한 책임 구조 도입을 지향하면서 시장 기반 규제와 법적 책임을 병행할 계획에 있습니다. 바이든 정부의 'IRA(인플레이션 감축법)' 기반 정책을 확대하고 보완할 가능성이 높습니다.

해리스의 정치적 배경과 신뢰성으로 보면, 2016년 캘리포니아 상원의원 당시 그린뉴딜을 지지했고, 2020년 민주당 대선 경선 당시 가장 먼저 기후오염세 도입을 공약으로 발표했었습니다. 그래서 Environmental Working Group 등 환경단체로부터 높은 평가를 받고 있죠.

7) 반면 트럼프 전 대통령은 반대 입장이겠죠?

맞습니다. 트럼프 전 대통령은 기후변화 정책에 대해 "규제 과잉"과 "경제성장 저해"라는 관점을 일관되게 유지해 왔고, 이번 부통령 후보로 지명된 J.D. 벤스 상원의원 역시 화석연료 산업의 강력한 지지자라는 점에서, 트럼프 2기 행정부는 기후 정책의 대전환, 즉 '기후 정책 철회 및 반전'을 시도할 가능성이 매우 높습니다.

[트럼프의 기후 정책 입장: "에너지 지배"(Energy Dominance) 복귀"]

항목	내용	평가
파리기후협정 탈퇴	2017년 1기 행정부 때 탈퇴 선언 (2020년 공식 이탈)	국제사회에서 비판, 바이든 정부에서 복귀
석유·석탄 산업 부활	연방 토지 내 시추 확대, 규제 철폐, 프래킹 장려	에너지 독립 강조, 환경 단체 강력 반발
환경규제 완화	자동차 배출가스 기준 완화, 환경보호청(EPA) 권한 축소	기후리스크 경시, 산업계에 유리한 구조
기후위기 용어 회피	"기후변화는 사기"	과학적 합의 부정, 공공 신뢰 손상 우려

주목할 점은 트럼프가 반기후 정책이지만, 유권자 정서는 '기후 행동'에 우호적이라는 것입니다. 최근 오세아니아(Oceana) 조사에 따르면, 등록 유권자의 76%가 일회용 플라스틱 감축을 위한 국가정책을 지지하고, 특히 공화당 지지자들 중에서도 약 60% 이상이 "플라스틱 폐기물 감소 필요성"에 동의하고 있습니다.

GSG 여론조사(2024)에서는 유권자 대다수가 플라스틱 감축, 탄소중립, 지속가능성 강화 정책에 우호적인데 다만, 세금 증가나 생활비 부담이 동반될 경우 지지율은 다소 하락할 것으로 내다봤습니다. 2023년 말, 미국 연방정부 최초의 '플라스틱 오염 대응 전략' 발표하면서 연방 조달 시스템에서 일회용 플라스틱 퇴출과 생분해성 대체물질을 확대 추진한 바 있습니다.

따라서 트럼프 캠프는 친환경 정책 철회와 화석연료 중심 에너지 전략으로 회귀할 가능성이 큽니다. 그러나 미국 사회 전반의 친환경 기조는 계속되고 있고, 특히 MZ세대와 도시 거주자, 여성 유권자를 중심으로 지속가능성 요구는 점점 더 강해지고 있습니다. 정책 후퇴와 유권자 의식 사이의 괴리가 향후 미국의 정치·기후 정책 전선에서 중요한 변수가 될 것으로 보입니다.

따라서, 한국을 포함한 글로벌 기후 정책 파트너들은 미국의 정책 불확실성에 대비한 다자협력 강화, EU 및 아시아 축의 정책 연계, 독자적 탄소시장 구축 등 전략적 대응이 필요합니다.

8) 기후변화는 결국 경제에도 영향을 미치는 이슈인데요. 요즘 경제 활력도 떨어지고 있다고요?

네. 폭염, 가뭄, 홍수 등 극한 기후로 농업, 제조업 등 기후에 민감한 산업들이 큰 타격을 입고 있습니다. 민간소비와 투자도 위축되면서 경제 리스크가 커지고 있는데요. 그럼에도 불구하고 기후 정책은 정치적으로 위축되고 있는 상황입니다. 예를 들어, EU는 '그린딜' 정책을 추진하고 있지만 산업계 반발과 정치적 부담으로 일부 후퇴 조짐이 보이고 있고요. 미국도 '반 ESG 운동'과 트럼프의 재등장 가능성으로 기후 정책이 흔들릴 수 있다는 우려가 있습니다.

9) 각국은 그래도 제도적으로 기후 대응을 강화하고 있죠?

네. 대표적인 게 EU의 탄소국경조정제도(CBAM)입니다. 2026년부터 본격 시행될 예정이고요. 미국도 '청정경쟁법(CCA)'을 2025년부터 시작합니다. 또한, 미국증권거래위원회(SEC)는 2026년부터 상장기업에 기후 정보 공시를 의무화할 예정입니다. 중국도 녹색산업과 녹색기술 투자를 대폭 확대하며 대응하고 있고요. 기후 정책은 이제 거스를 수 없는 흐름이 되고 있습니다.

10) 우리나라도 이 흐름에 맞춰야 할 텐데요. 마무리 말씀 부탁드립니다.

정확히 그렇습니다. 기후위기 대응은 더 이상 중앙정부만의 책무가 아닙니다. 지역, 기업, 시민이 함께 행동하는 '분산형 참여 시스템'으로 가야 합니다.

[기후위기 대응의 새로운 방향: 지역 중심 전환]

항목	현재 상황	향후 과제
정책 틀	2050 탄소중립 선언, 탄소세 및 K-ETS 제도화	실효성 있는 이행 전략 부족
중소기업 현실	대응 역량과 정보 부족, 인력·예산 제약	ESG 컨설팅, 기술·재정 지원 체계 필요
지방정부 역할	중앙정책 수용 위주	지역 여건 맞춤형 기후적응·완화 전략 주도
시민 참여	기후위기 인식은 증가 중	실천 행동으로 이어질 수 있는 프로그램 확대 필요

전환을 위한 핵심 제안으로,

첫째 지역 기후리더십을 강화하여, 지방정부가 자체 탄소중립 목표를 수립, 지역별 기후예산 편성·운영, 기후 전문 조직 및 인재 육성이 필요합니다.

둘째, 중소기업 ESG 지원 체계 구축으로 ESG 가이드라인 제공, 교육 및 컨설팅 프로그램, 녹색 금융 및 기술 전환 자금을 연계해야 합니다.

셋째, 시민 참여 기반을 확대하여, 탄소포인트제, 에너지 자립마을 등 생활 속 실천 촉진, 지역 커뮤니티 중심의 기후 공동체 조직, 청소년 기후 교육 정규 교육 과정으로 연계해야 할 것입니다.

"기후위기는 어느 한 기관, 어느 한 지역의 문제가 아닙니다. 지금 필요한 것은 '모두의 참여, 모두의 전환'입니다." 지금 우리가 만드는 변화가 미래 세대의 생존 조건이 됩니다. 이제는 정부의 정책을 기다릴 것이 아니라, 지역이 주도하고 시민이 실천하는 기후 행동 사회로 나아가야 할 때입니다. 우리 모두가 '기후행동의 주인공'이 되어야 합니다.

27.
뉴욕의 바다사자, 히말라야의 눈물

도심 한복판 바다사자, 눈 대신 비가 내리는 에베레스트… 기후위기는 동물과 산, 도시와 자연을 넘어서는 경고를 보내고 있습니다.

1) 올 추석 무더위, 기후변화의 또 다른 신호였죠?

맞습니다. 추석인데도 폭염주의보 문자가 울릴 만큼, 올해는 '가을 명절'이 아니라 여름 같았죠. 이제는 가을 없이 여름에서 바로 겨울로 넘어가는 듯한 기후의 변화를 몸으로 느끼고 있습니다. 오늘은 이런 기후변화 속에서 세계 각지에서 벌어지는 주요 이슈를 살펴보려고 합니다. 뉴욕의 타임스퀘어 광장에 바다사자가 '등장'했고, '세계의 지붕' 히말라야의 빙하가 눈 대신 비를 맞으며 녹아내리고 있는 소식도 전해 드리겠습니다. 아울러 가을 태풍의 위력과 우리 지역 피해까지 함께 이야기 나누겠습니다.

2) 뉴욕 타임스퀘어, 바다사자가 실제로 나온 건가요?

실제 바다사자가 등장한 것은 아니고요, 한 전자 기업이 뉴욕 타임스퀘

그린스완의 시대

어 대형 전광판을 활용해 바다사자 영상을 3D로 구현한 캠페인을 선보였습니다. 기후변화와 생물다양성 보전을 알리는 세계적 캠페인의 하나였죠. 멸종 위기에 처한 바다사자가 기후위기, 해양오염, 먹이 부족 등으로 지난 40년간 개체 수가 60% 이상 줄었습니다. 이처럼 바다사자를 통해 전 세계인에게 기후위기의 현실과 함께 생물 보호의 중요성을 알리고자 한 메시지였습니다.

3) 뉴욕 기후 주간과 맞물린 행사였다면서요?

네, '뉴욕 기후 주간'은 2009년부터 매년 열리는 국제 기후 행사로, 올해도 9월 22일부터 29일까지 개최됐습니다. 각국 정부, 기업, 시민단체가 한자리에 모여 기후변화 대응 해법과 사례를 공유하는 자리였죠. 이 캠페인도 이 행사에 맞춰 기후위기에 대한 경각심을 전 세계에 알리기 위해 기획된 것입니다.

4) 히말라야의 빙하가 빠르게 녹고 있다던데, 무슨 일이 있었나요?

'세계의 지붕'이라 불리는 히말라야는 기후변화의 '최전선'으로 꼽힙니다. 히말라야 지역 기온 상승 속도가 전 세계 평균의 3배에 달한다고 하고요. 네팔 등 고산지대는 예전처럼 눈으로 덮인 모습이 점점 사라지고, 바위와 빙하호가 늘어나고 있다고 합니다. 실제로 에베레스트 산의 강수량 조사를 보면, 2020년에는 강수의 40%가 '비'였지만, 2023년엔 무려 75%가 비로 내렸습니다. 눈이 내릴 자리에 비가 내리기 시작한 거죠.

5) 빙하가 녹으면 어떤 문제가 생기나요?

빙하가 녹으면 물이 한꺼번에 빙하호로 흘러 들어가, 빙하호 범람 (Glacial Lake Outburst Floods) 위험이 커집니다. 실제로 지난 30년간 히말라야 빙하호 수는 50%나 증가했습니다. 이로 인해 홍수와 산사태 같은 재난이 늘고, 주민들의 삶은 더 불안정해지고 있습니다.

6) 가을 태풍도 강해지고 있다면서요?

맞습니다. 통계적으로 태풍은 여름(6-8월)에 많이 발생하지만, 실제 피해는 가을(9-11월)에 집중됩니다. 최근 10년간 태풍 복구비의 90% 이상이 가을 태풍 때문이었다는 조사도 있고요. 특히 가을 태풍은 남해안을 따라 전라도, 경상도 해안을 강타하는 경우가 많아, 공공시설 파괴와 지역 경제 충격을 크게 키웁니다.

7) 전북 지역도 최근 피해가 있었죠?

네, 올해 9월, 전북 지역을 포함한 남부지방에서 극한 호우가 쏟아지면서 농작물과 시설 피해가 잇따랐습니다. 이제는 '가을엔 단풍'이라는 말보다, '가을엔 재해'라는 우려가 나올 정도입니다.

8) 기후변화, 단순한 날씨 문제가 아니라는 걸 다시 느끼게 되네요. 마무리 말씀 부탁드립니다.

그린스완의 시대

맞습니다. 기후위기는 단순히 더위나 비의 문제가 아닙니다. 바다사자처럼 생태계와 생물다양성, 히말라야처럼 물과 식량의 위기, 그리고 우리 지역 경제와 일상까지 위협하는 생존의 문제이자 경제의 문제입니다. 각자의 자리에서 기후위기에 맞서는 실천을 통해 전 세계인의 작은 행동이 모여야만 이 위기를 극복할 수 있습니다. 정부 정책, 기업의 변화, 그리고 시민의 실천이 함께 만들어내는 기후행동, 이제는 선택이 아닌 필수입니다.

기후변화는 지구 전역의 풍경과 우리의 삶을 바꾸고 있습니다. 작은 경고처럼 보이는 캠페인도, 우리에게 '지금 행동해야 한다'는 경종입니다. 우리 사회와 지역사회가 함께 실천으로 기후위기에 맞서야 할 때입니다.

28.
노벨문학상의 의미와 기후변화

문학은 때로 과학보다 먼저 미래를 말합니다. 노벨문학상이 이제 기후위기를 어떻게 이야기할 수 있을까요? 문학이 말하는 기후의 언어에, 이제 우리가 귀 기울여야 할 때가 왔다는 조용하지만 단호한 선언입니다.

1) 요즘 가장 반가운 소식 중 하나가 한강 작가의 2024년 노벨 문학상 수상 소식이죠. 특히 대표작 『채식주의자』가 다시 큰 주목을 받고 있는데요. 교수님, 오늘은 어떤 이야기 준비해 오셨나요?

네, 요즘처럼 날씨도 흐리고 뉴스도 어두운 소식이 많은 시기에, 한강 작가의 노벨문학상 수상 소식은 정말 마음을 밝게 해 주는 반가운 일이었습니다. 출판계는 '한강 신드롬'이라 부를 만큼 들썩이고 있고, 『채식주의자』는 다시 베스트셀러로 떠올랐습니다. 그런데 이 작품이 단지 문학적인 깊이만 있는 게 아니라, 기후변화나 환경 문제와도 연결된 의미가 있다는 점에서 오늘 함께 이야기를 나눠 보고자 합니다.

2) 한강 작가의 소설은 주로 인간의 고통이나 사회적 폭력, 트라우마를

다루는 것으로 알려져 있는데요. 환경이나 기후변화와도 연결할 수 있을까요?

그렇습니다. 특히 2016년 맨부커 국제상(Man Booker International Prize)을 수상한 『채식주의자』는 인간과 자연, 동물 간의 관계에 대한 깊은 성찰을 담고 있는데요. 최근 기후위기 대응 방법 중 하나로 '저탄소 식생활', 즉 채식이 주목받고 있잖아요. 이 소설의 주인공은 고기를 거부하면서 인간이 자연과 동물에게 가하는 폭력에 대해 상징적으로 저항하고 있습니다. 이런 태도는 단순한 식습관을 넘어서, 기후위기와 생태 윤리에 대한 질문으로 확장될 수 있죠.

3) 그러니까 『채식주의자』는 단순히 인간 내면의 이야기만이 아니라, 인간과 자연의 연결성까지 아우르는 작품이라는 말씀이신가요?

맞습니다. 이 소설은 한 여성이 고기를 거부하면서 사회적 규범에서 벗어나려는 과정을 보여 주는데요. 동시에 이는 인간이 자연을 일방적으로 소비하고 착취해 온 방식에 대한 저항으로도 읽을 수 있습니다. 생태적 감수성, 그리고 문학을 통해 자연과 인간의 관계를 다시 사유하는 시도라고 할 수 있죠.

4) 한강 작가가 강조하는 '폭력'의 개념도 기후위기와 연결될 수 있을까요?

한강 작가는 "문학은 폭력의 반대편에 서는 것"이라고 말한 적이 있습니다. 그녀의 소설 속 폭력은 단지 물리적이거나 정치적인 폭력만이 아니라, 인간이 자연에게 가하는 폭력, 즉 환경 파괴나 산업화 과정에서 발생하는 착취 같은 것까지 포함할 수 있습니다. 결국, 자연을 대상화하고 훼손해 온 인간 문명이 초래한 기후위기도 한강 작가의 문제의식과 맞닿아 있다고 볼 수 있죠.

5) 그렇다면 기후 문제를 다룬 작품들이 과거 노벨문학상에서도 주목받은 적이 있었을까요?

직접적으로 '기후변화'를 다룬 작품이 노벨문학상을 수상한 경우는 아직 없습니다. 하지만 수상자들의 작품 세계를 들여다보면 생태, 환경, 인간과 자연의 관계를 심도 있게 다룬 경우가 많아요. 예를 들어 2018년 폴란드 여성작가로는 처음으로 노벨 문학상을 수상한 올가 토카르추크(Olga Nawoja Tokarcruk)인데요. 대표적으로 'Drive Your Plow over the Bones of the Dead', 즉 『죽은 이들의 뼈 위로 쟁기를 끌어라』라는 작품을 통해 환경 운동과 동물권 문제를 다뤘습니다. 아주 강한 생태문학의 색채를 지닌 작품이죠.

6) 또 다른 수상자로는 누가 있을까요?

2015년 노벨문학상을 받은 스베틀라나 알렉시예비치(Svetlana Alexievich) 작가는 『체르노빌의 목소리(Voices from Chernobyl)』를 통해 핵 사고 이후 사람들의 증언을 생생하게 담아냈습니다. 체르노빌 원전 폭발이 환경과 인간에게 얼마나 큰 상처를 남겼는지를 보여 주는 기록문학이자, 인간이 자연을 통제하려다 어떤 비극을 초래할 수 있는지를 성찰하게 해 주는 작품입니다.

7) 환경 문제를 깊이 있게 다룬 작가로는 또 누가 있을까요?

프랑스 작가 르 클레지오(JMG Le Clezio)도 빠질 수 없죠. 그는 2008년 노벨문학상을 수상한 이후, 서구 문명의 환경 파괴와 토착 문화의 소외 문제를 꾸준히 다뤄 왔습니다. 그의 문학은 현대 문명이 자연을 착취하며 성장해 온 방식에 대한 비판으로 읽힐 수 있고, 기후위기와도 연결되는 통찰을 담고 있습니다.

8) 마거릿 애트우드도 환경 문제를 문학으로 풀어낸 작가로 유명하죠?

맞아요. 캐나다 작가 마거릿 애트우드(Margaret Atwood)는 『오릭스와 크레이크(Oryx and Crake)』, 『홍수의 해(The Year of The Flood)』 등의 작품에서 기후 재난 이후의 디스토피아를 배경으로 인간성과 사회의 붕괴를 그렸습니다. 그녀는 생태적 디스토피아 소설이라는 새로운 장르를 개척했다고 평가받고 있고, 노벨문학상 수상 후보로 자주 거론되기도 합니다.

9) 문학을 통해 기후변화와 같은 글로벌 이슈를 되짚는 일이 중요해 보입니다.

네, 맞습니다. 문학은 단지 상상의 세계를 펼치는 도구가 아니라, 우리가 처한 현실을 성찰하게 만드는 힘을 가지고 있습니다. 특히 한강 작가처럼 폭력, 소외, 자연과의 관계 같은 문제를 섬세하게 풀어내는 작가들이 늘어나면서 문학의 생태적 감수성도 더욱 확장되고 있다고 봅니다.

10) 끝으로, 한강 작가의 수상이 갖는 의미를 정리해 주신다면요?

2021년 노벨 물리학상은 '지구온난화가 인간의 이산화탄소 배출 때문임을 증명하는 데 기여'하는 기후변화 예측 모델을 개발한 미국과, 독일, 이탈리아 과학자들 3명이 수상했었죠. 기후 위기의 긴박성과 앞으로 다가올 경제적, 사회적 변화에 대비하는 것이 중요하겠습니다. 그리고 가장 취약한 계층을 보호하고 저탄소 경제로의 전환이 공정하고 포괄적이어야 하겠고요. 기후변화가 경제와 사회 전반에 미치는 영향을 고려해서 정책 입안자들이 보다 대담하고 변혁적인 결정을 내리는 데 있어서, 이러한 수상자들의 주제 의식이 중요한 계기가 되었으면 합니다.

한강 작가의 수상은 단지 개인의 영예가 아니라, 한국 문학이 세계 문학의 중요한 축으로 자리매김했다는 의미입니다. 동시에 우리는 이 기회를 통해 문학이 어떻게 환경과 생태를 말하고, 기후위기에 어떻게 응답할 수 있는지 되돌아봐야 합니다. 청취자 여러분, 오늘 밤 머리맡에 한 권의 책을 놓아 보는 건 어떨까요? 한강 작가의 『채식주의자』, 그리고 그 속에 담긴 조용하지만 강한 생태적 울림에 귀 기울여 보시길 바랍니다.

제4부

우리가 바꿔야 할 세상

: 기후위기, 시민의 실천으로 돌파할 수 있을까

29.

AI는 기후 해결사일까? 디지털과 생태의 교차점

AI가 예측하고 경고합니다. 그러나 AI 훈련에도 에너지가 듭니다. 기술은 기후의 적일까요, 동반자일까요?

1) 요즘 중국산 인공지능 '딥시크(Deep Seek)'가 화제죠. 성능도 뛰어난 데다 가격도 저렴해서 AI 산업을 뒤흔들고 있습니다. 그런데 이 AI가 기후변화와도 관련이 있다면서요?

네, 그렇습니다. 인공지능은 기후변화 대응에 엄청난 가능성을 제공하면서도, 동시에 새로운 환경 문제를 만들어 내는 이중성을 지니고 있습니다. 데이터센터 전력 소비 같은 부정적 영향도 있지만, 기후위기 예측과 대응에 활용될 수 있는 아주 중요한 도구이기도 하죠. 그래서 요즘엔 "AI가 기후를 살릴까, 더 위협할까?" 이런 질문이 많이 나오고 있습니다.

2) 먼저 기후변화와 인공지능이 어떻게 연결되는지 개요부터 설명해 주시겠어요?

그린스완의 시대

기후변화는 지구의 온도를 높이는 온실가스 배출 때문에 생기는 거대한 생태계 교란 현상이잖아요. 인공지능은 반대로 방대한 데이터를 분석하고 예측해서 문제를 해결하는 기술입니다. 이 두 개가 만나면 기후 데이터 분석, 에너지 최적화, 재난 예측 같은 데서 아주 유용하게 활용됩니다.

예를 들어, AI가 위성 이미지로 산불 위험 지역을 미리 감지하거나, 풍력 발전량을 시간대별로 예측해서 에너지 낭비를 줄일 수 있는 거죠.

3) 기후변화 대응에서 AI가 긍정적으로 작용하는 대표적인 사례는 어떤 게 있을까요?

크게 세 가지가 있습니다.

첫째, 정밀한 기후예측입니다. AI가 위성, 기상, 해양 데이터를 통합해서 폭염, 태풍, 홍수와 같은 이상기후를 더 빠르고 정확하게 예측해 줍니다.

둘째, 에너지 효율화입니다. 건물이나 산업 현장의 냉난방, 조명을 AI가 자동으로 제어해 불필요한 에너지 낭비를 줄이죠.

셋째, 재생에너지 관리입니다. 태양광·풍력 같은 재생에너지는 날씨에 따라 출력이 변동되는데, AI가 시간대별 생산량을 예측해서 전력망 안정성을 높여 주는 역할을 합니다.

4) 실제 사례가 있을까요?

있습니다. 구글은 데이터센터에 AI를 도입해 에너지 소비를 30% 줄였고, 구글맵은 가장 탄소를 적게 배출하는 경로를 안내해 연간 약 240만 톤의 CO_2를 줄였다고 보고했습니다. 카카오도 물 사용량 최적화 시스템을 도입했고요. 이처럼 기술이 똑똑해질수록 기후 대응도 효율적으로 바뀌고 있습니다.

5) 반대로, 인공지능이 기후변화를 악화시킨다는 지적도 있던데요. 어떤 이유 때문인가요?

가장 큰 이유는 AI를 학습하고 운영하는 데 드는 어마어마한 전력 소비 때문입니다. 예를 들어 GPT-3 같은 초거대 AI 모델(LLM)을 한 번 학습시키는 데만 CO_2 약 500톤이 배출됩니다. 이건 항공편으로 뉴욕-런던 왕복 300회 분량에 해당하죠.

또한 이 AI를 운영하는 데이터센터들은 냉각 장치 때문에 지속적으로 전력을 소모하며, 전 세계 전력 사용량의 약 2%를 차지하고 있다는 추정도 있습니다(IEA, 2023년 기준).

6) 그럼 AI가 환경을 덜 해치도록 하는 방법은 없을까요?

네, 방법이 있습니다.

첫째, 데이터센터에 재생에너지(태양광·풍력 등)를 공급하는 것이고요.

둘째, 북유럽처럼 천연 냉각이 가능한 지역에 센터를 짓는 것도 좋은 전략입니다.

셋째, AI를 통해 데이터센터 자체의 에너지 관리도 최적화할 수 있습니다.

페이스북(메타)은 스웨덴 루레오에 위치한 데이터센터에서 바깥 찬 공기를 활용해 냉방 전력을 대폭 줄였습니다. 구글도 AI로 자사 서버 온도 조절을 자동화해 에너지 사용을 줄이고 있습니다.

7) 앞으로 기후변화 대응에서 AI가 더 활용될 수 있는 분야는요?

네, 아주 많습니다. 기후모델링을 통해, 해수면 상승, 빙하 후퇴 시뮬레이션을 할 수 있고요. 산불·홍수 조기경보 시스템, 탄소 흡수 기술(CDR) 최적화, 에너지망 수요·공급 예측 자동화, 플라스틱 유입 해양 모니터링, 생물다양성 모니터링(멸종위기종 추적) 등입니다. 이렇게 AI는 데이터를 기반으로 상황을 예측하고 대안을 제시하니까, 기후행동의 신속성과 효율성을 높일 수 있죠.

8) 그렇다면 정책 결정에도 AI가 도움을 줄 수 있을까요?

물론입니다.

예를 들어 "탄소세를 도입하면 얼마나 줄어들까?" "전기차 보조금이 증가하면 배출량은 어떻게 변할까?" 같은 정책 시나리오를 AI가 수치화하고 시뮬레이션 할 수 있습니다.

이건 기후 정책을 객관적이고 과학적으로 설계하는 데 큰 도움이 됩니다. EU와 영국 등에서는 이미 이런 모델링이 정책 기획에 활용되고 있습니다.

9) 그럼 우리 같은 일반 시민들도 AI를 통해 기후행동에 참여할 수 있을

까요?

네, 아주 쉽게요. AI 기반 전기요금 앱으로 에너지 절약 습관들이기, 탄소 발자국 계산기로 내가 사용하는 교통수단의 CO_2 양 확인하기, 탄소 배출 적은 상품 추천 AI 이용해 친환경 소비 실천하기, 공유 모빌리티 플랫폼 활용으로 교통 배출 줄이기 등으로 작은 행동이 모여 큰 변화를 만들 수 있죠.

10) 마무리 말씀 부탁드립니다.

AI는 기후변화 시대의 '양날의 검'입니다.

지혜롭게 사용하면 지구를 살릴 수 있는 도구지만, 무분별하게 쓰면 오히려 기후위기를 악화시킬 수도 있습니다. 그래서 이제는 단순히 AI를 개발하는 것을 넘어서 "친환경적 AI", "지속가능한 AI"가 중요해졌습니다. 기후위기를 해결하는 데 있어 기술의 가능성을 최대한 살리려면, AI 기술과 기후 정책, 사회적 참여가 함께 가야 합니다.

※ AI와 기후변화 정책 정리

1. AI와 기후변화의 상호작용

항목	AI의 기후 대응 기여	AI의 기후 영향 우려
데이터 분석	위성·기상 데이터 분석, 재난 조기경보	대규모 연산으로 인한 전력 소비 증가
에너지 효율	건물·공장·도시 에너지 최적화	데이터센터 운영으로 탄소 배출 발생
재생에너지 관리	태양광·풍력 출력 예측, 전력망 안정화	전력망 과부하 문제를 야기할 가능성
정책 설계	탄소세·전기차 보조금 효과 시뮬레이션	AI 의사 결정의 투명성 부족 가능성

2. AI를 활용한 주요 기후 정책 분야

분야	정책 예시	AI 활용 방식
기후예측 및 재난 대응	홍수, 산불 조기경보 시스템	딥러닝 기반 패턴 인식 및 경보 예측
에너지 전환	스마트 그리드, 전력 수요 예측	수요-공급 자동 조정 모델
교통 및 도시계획	친환경 경로 안내, 탄소 최소 경로	지도 기반 탄소 경로 알고리즘 (ex. Google Maps)
산업 및 건물 관리	에너지 효율화, 배출 저감	AI 기반 HVAC(냉난방), IoT 연동 제어
농업 및 생태 보전	작황 예측, 병해충 감지, 서식지 보전	위성·센서 데이터 AI 분석

3. 국제 정책 동향(2024~2025)

국가/기구	정책 내용	AI 관련 기후 적용
EU	그린딜 산업계획, CBAM(탄소국경세) 시행	탄소추적·배출 모니터링에 AI 활용
미국	IRA(인플레이션 감축법), AI 기반 청정기술 투자	AI 활용 탄소 감축 기술에 세액공제
일본	GX(그린 트랜스포메이션) 채권 발행	AI 기반 스마트 에너지 인프라 확장
UN	AI for Climate Action 보고서 발표	기후 재난 대비 AI 응용 권장

4. 한국의 대응 방향 및 과제

o 정책 방향
- AI 기반 에너지 효율 관리: 공공·산업시설 스마트화 지원
- AI 기후 시뮬레이션 센터 구축: 기후 정책 효과 예측
- AI 친환경 인증 도입: 데이터센터 탄소 인증제
- 기후-AI 통합 법제화: 환경영향평가 시 AI 사용 권장

o 과제 및 리스크
- 데이터센터 전력 소비 증가 (2023년 기준 한국 서버전력 소비량: 전체의 약 2.4%)
- AI 알고리즘의 윤리성과 투명성 확보 필요
- AI와 기후 관련 인력 및 기술 투자 미비

5. 정책 제안

전략 영역	제안
법·제도	AI기반 기후 리스크 분석을 공공 보고 기준으로 도입 친환경 AI 윤리 가이드라인 제정
산업 지원	탄소중립 AI 개발 기업에 세제 혜택 클라우드·데이터센터 재생에너지 의무화
교육·연구	AI-기후 융합 인재 육성 프로그램 신설 스마트 농업·물관리 등 융합 연구과제 확대

30.
출산율 쇼크, 그 뒤엔 기후위기가 있다

청년 세대는 '기후 불안'으로 아이를 낳지 않습니다. 출산율 저하의 또 다른 원인, 바로 기후입니다.

1. 최근 미국 LA 지역 대형 산불로 인한 피해가 큽니다. 바이든 대통령도 기후변화를 주요 원인으로 지목했는데요. 이번 사태가 어떤 의미를 갖는 다고 보시나요?

네, 이번 산불은 단순한 자연재해를 넘어서 기후위기의 현실을 적나라하게 보여 줍니다. 미국 LA는 이미 10월 이후 심각한 가뭄 상태였고, 여름 폭염으로 인해 산림이 완전히 건조해진 상황이었습니다. 국립기상청 (NWS)에 따르면 이번 산불은 허리케인급 강풍을 동반하면서 수천 가구가 대피했고, 바이든 대통령도 이를 기후재난으로 규정했죠. 특히 이번 산불은 전국적인 보험 시스템, 연방 재정, 주택 안정성까지 영향을 주는 문제로 확대되고 있습니다.

2) 말씀하신 것처럼 자연재해가 사회 전반에 영향을 미치고 있는데요. 오

늘의 주제는 조금 생소합니다. 기후변화와 출산율이 어떤 관계가 있나요?

　표면적으로는 전혀 다른 주제 같지만, 기후변화는 사람들의 생계, 건강, 미래 계획에 영향을 미치기 때문에 출산 결정을 바꾸는 요인으로 작용하고 있습니다. 최근 들어 '기후 불안(climate anxiety)'이 젊은 세대의 출산 결정에까지 영향을 미치고 있다는 점이 여러 연구에서 나타나고 있습니다. 예를 들어, 퓨 리서치 센터(Pew Research) 조사에 따르면 자녀가 없는 미국 성인의 33%가 "기후위기 때문에 자녀를 원하지 않는다"고 응답했죠. 단순한 환경 걱정을 넘어서 개인의 생존 전략과 연결된 의사결정이 된 겁니다.

3) 그렇다면 기후변화는 구체적으로 어떤 방식으로 출산율에 영향을 주고 있는 걸까요?

　크게 세 가지 방식이 있습니다.

　첫째, 생존 불안정성이 증가하면서 영향을 미칩니다. 가뭄, 산불, 홍수 등으로 물, 식량, 주거 같은 기본 자원이 위협받고 있고요. 이에 따라 생계비가 급등하고 미래에 대한 불확실성도 커집니다.

　둘째, 생리학적 영향을 미칩니다. 2020년 Nature Climate Change 논문에 따르면 극심한 폭염이 생식 건강과 호르몬에 부정적 영향을 미친다고 분석됐습니다. 특히 열 스트레스는 남녀 모두의 생식 능력에 장기적 영향을 줄 수 있다고 보고됐습니다.

　셋째, 도시환경의 악화로 기인합니다. 도시열섬, 미세먼지, 대기오염이 결혼과 출산을 꺼리게 하는 요인으로 작용합니다.

4) 경제적 관점에서도 기후변화와 저출산은 연결되어 있다고 하셨죠?

네. 예를 들어 독일 포츠담 기후영향연구소(PIK)에 따르면, 2022년 유럽 폭염 이후 식품 물가가 최대 0.93%p 상승, 2035년까지는 식품 물가가 최대 3.2%p, 전체 물가가 1.2%p까지 오를 수 있다는 분석이 있습니다. 이처럼 기후로 인한 생계비 상승은 청년층의 자녀 계획을 더욱 어렵게 만들고 있습니다.

5) 이런 문제들이 한국처럼 초저출산 국가에도 해당될까요?

물론입니다. 한국이 현재 세계에서 가장 낮은 출산율을 기록하고 있죠. 2023년 기준으로 합계출산율(TFR), 즉 여성 1인당 0.78명의 자녀를 두고 있다는 것인데요. 결국 경제적 스트레스, 주택 문제, 일과 삶의 불균형 등 이러한 사회 경제적 요인들이 발생하면서, 이 모든 것이 기후변화로 인해 악화됩니다. 예를 들어, 우리나라에서 폭염과 홍수를 겪으면서 도시 인프라를 파괴하고, 생계 비용이 증가되는데요. 젊은 세대들은 이미 재정적 제약이나 사회적 및 경제적 불안정성으로 자녀를 낳지 않거나 포기하는 이유로 꼽고 있습니다. 2024년 한국보건사회연구원 조사에 따르면 젊은 세대들이 기후위험에 대한 우려가 점점 더 커지고 있고, 응답자의 28%가 환경 불안 요소가 자녀 출산을 방해하는 요인이라고 꼽았습니다. 특히 서울과 대도시의 도시열섬과 대기오염이 높은 생활환경들이 이러한 불안을 증폭시키고 있죠.

6) 기후 문제와 출산율 하락이 함께 가면 어떤 결과가 우려되나요?

이건 단순히 출산율 문제가 아닙니다. 인구 감소는 노동력, 소비시장, 복지제도까지 전반에 걸쳐 국가 시스템을 압박하게 됩니다. 기후변화로 인해 이러한 압박이 더 빨리, 더 크게 다가오는 것이죠. 특히 기후 재난이 반복되면 지역 기반 경제와 생태계 회복력이 약화되어 고령화와 지역 소멸 문제를 가속화할 수 있습니다.

7) 기후변화가 저출산을 야기하고, 저출산은 또 다른 사회적 위기를 부르겠군요. 어떻게 대응해야 할까요?

이중 위기에 대응하려면 기후대응과 인구 정책을 통합하는 전략이 필요합니다. 단순히 출산 장려금이 아니라 기후 대응과 출산 지원을 통합한 정책이 필요합니다. 예를 들어, 녹색주택 정책과 보육 혜택을 연계해 주거·육아비 부담을 줄이고, 친환경 인프라(학교, 병원 등)를 통해 부모들이 안심하고 아이를 키울 수 있는 환경 조성, 기후적응형 일자리 창출로 젊은 세대의 경제적 안정 확보 등이 포함돼야 합니다. 특히 한국형 그린뉴딜 정책을 가족 친화형으로 확대 적용하는 방식이 효과적일 수 있습니다.

8) 이러한 전략에 대한 사회적 인식은 얼마나 형성되어 있을까요?

그린스완의 시대

전반적으로 기후위기의 심각성에 대한 인식은 커지고 있습니다. 하지만 기후와 출산이 연결되어 있다는 인식은 아직 낮은 편이고요. 정책 차원에서 이 두 가지를 병합해 대응하는 프레임이 필요합니다. 단기적 출산장려금보다도 기후환경과 삶의 질을 높이는 방향이 장기적으로 더 실질적 효과를 가져올 수 있습니다.

9) 마지막으로 오늘 주제에 대해 정리해 주신다면요?

기후위기와 저출산은 별개가 아닌, 긴밀하게 연결된 사회 구조적 문제입니다. 특히 한국처럼 기후재난과 인구 문제를 동시에 겪고 있는 국가는 기후 정책이 곧 인구 정책이고, 인구 정책이 곧 생존 전략입니다. 이제는 정책도, 기업도, 시민도 이 두 가지 위기를 통합적으로 다루어야 할 시점입니다. 녹색 전환과 인구 전환을 함께 설계하는 것, 이것이 21세기 생존 전략이자 지속가능한 미래를 위한 유일한 길입니다.

출산율(fertility rate)은 일정 기간 동안 한 여성이 낳는 자녀의 수를 측정한 통계 지표로, 인구 증가 또는 감소를 예측하는 핵심 지표입니다. 가장 널리 사용되는 형태는 다음과 같다.

※ 합계출산율(Total Fertility Rate, TFR)
o 정의: 여성 1명이 가임 기간(보통 15세~49세) 동안 낳을 것으로 예상되는 평균 자녀 수
o 단위: 명

o 의의:
  - 출산 수준을 가장 종합적으로 나타냄
  - 인구가 자연 증가(출생-사망)만으로 유지되려면 TFR 2.1명 이상이 필요
    (이를 "대체 수준 출산율"이라 함)
  - 이보다 낮으면 인구는 장기적으로 감소 추세에 들어감

※ 다른 관련 지표들

1. 조출산율(Crude Birth Rate, CBR)
o 전체 인구 1,000명당 한 해 동안 태어난 출생아 수
o 예: CBR 10 → 인구 1,000명당 연간 10명이 출생

2. 연령별 출산율(Age-Specific Fertility Rate, ASFR)
o 특정 연령대의 여성 1,000명당 출생아 수(예: 20~24세 여성 1,000명당 출산 수)

※ 한국의 TFR 현황 예시
o 2023년: 0.78명(세계 최저 수준)
o 2024년 1분기 잠정치: 0.72명 이하 예상
o 대체 출산율(2.1명)의 약 1/3 수준
o 저출산의 구조적 원인: 주거 불안, 양육 부담, 고용 불안, 기후 불안 등 복합
  요인

31.
기후는 투표를 바꾸고, 지역을 바꾼다

기후에 민감한 유권자, 그리고 기후에 적응하는 지역… 기후위기는 선거 결과를 좌우하는 시대를 만들고 있습니다.

1) 오늘의 주제는 무엇인가요?

네, 오늘은 기후변화가 정치, 외교, 경제, 사회에 미치는 영향에 대해 이야기해 보려 합니다. 기후변화는 단순히 날씨의 문제가 아니라, 국제 분쟁과 정책 변화, 지역 갈등까지 야기하는 복합적 이슈가 되고 있는데요. 예를 들어, 최근 미국과 멕시코 국경에 있는 리오그란데 강 수위가 사상 최저치로 떨어지면서 물 부족을 둘러싼 국가 간 긴장이 고조되기도 했고요. 기후변화는 이제 국제 외교와 안보의 변수로도 작용하고 있습니다. 또, 정치권에서도 기후변화는 주요 의제로 떠오르고 있는데요. 오늘 이 이야기를 차근차근 나눠 보겠습니다.

2) 최근 주목할 만한 기후 관련 정책 변화가 있다고요?

네, 있습니다. 지난 2024년 7월 5일, 영국 총선에서 노동당이 14년 만에 정권을 교체하면서, 기후 정책의 큰 변화가 예고되고 있습니다. 새롭게 총리에 오른 키어 스타머(Keir Starmer) 노동당 대표는 영국의 기후, 에너지, 환경 정책을 전면적으로 재편하겠다고 선언했습니다.

그 핵심 비전은 2030년까지 탄소중립을 실현하고, 영국을 글로벌 기후 리더 국가로 재정비하겠다는 것인데요. 단순한 에너지 전환을 넘어, 경제, 일자리, 에너지, 복지를 모두 포괄하는 전방위적 녹색 전환(Green Transition)을 추진하겠다는 계획입니다.

특히 스타머 총리는 기후 정책을 경제 성장 전략의 중심축으로 삼고 있어서, 향후 영국 전역에서 기후 대응이 곧 지역 경제 발전, 고용 창출, 생활 복지 향상으로 연결되는 새로운 모델이 나타날 것으로 기대되고 있습니다. 이러한 움직임은 기후위기 대응이 단순한 '환경 규제'가 아니라 국가 전략의 핵심 축이 되어야 한다는 최근 글로벌 트렌드를 잘 보여 주고 있습니다.

3) 실제로 어떤 변화들이 예상되나요?

네, 스타머 총리는 보수당 정부 시절 후퇴했던 기후 정책들을 전면 재검토하겠다고 밝혔습니다. 대표적인 사례가 바로 내연기관 자동차 판매 금지 시점인데요. 보수당은 원래 2030년으로 설정했던 금지 시점을 2035년으로 연기했었죠. 하지만 노동당은 이를 다시 2030년으로 앞당기겠다고 공약했고, 이를 강하게 추진할 것으로 보입니다.

또 하나 주목할 점은, 영국을 전기차 산업의 글로벌 허브로 육성하겠다

　　　　　　　　　　　　　　　그린스완의 시대

는 계획입니다. 이를 통해 2030년까지 약 65만 개의 녹색 일자리를 창출하겠다는 목표도 세웠습니다. 특히 2026년부터는 '일자리 보너스'라는 제도도 도입될 예정인데요. 매년 약 5억 파운드(한화 약 8,900억 원) 규모로, 재생에너지와 친환경 산업에 종사하는 노동자들에게 추가 소득을 보장하는 방식입니다.

그리고 인상적인 것이 하나 더 있는데요. 바로 신재생에너지 수익의 일부를 지역사회에 환원하는 정책입니다. 이것은 단순한 기후 정책을 넘어, 지역경제와 사회적 포용을 함께 고려하는 모델로 평가받고 있습니다. 기후위기 대응이 곧 지역의 기회가 될 수 있다는 점에서, 영국의 새로운 정책 방향은 세계적으로도 큰 주목을 받고 있는 사례입니다.

4) 다른 나라들도 기후 정책에 속속 대응하고 있죠?

그렇습니다. 전 세계가 기후위기에 대응하는 속도를 점점 높이고 있는데요, 특히 미국의 움직임이 눈에 띕니다. 바이든 대통령은 2024년 미국 역사상 처음으로, 기후위기로 인한 폭염에 대응하는 노동자 보호 규칙안을 연방 차원에서 발표했습니다. 이 규칙안의 핵심은 노동자들이 폭염 속에서도 안전하게 일할 수 있도록 보장하는 것입니다.

구체적으로는 기온이 화씨 80도, 그러니까 섭씨 약 27도를 넘으면, 고용주는 식수와 그늘을 반드시 제공해야 하고요. 화씨 90도, 섭씨 약 32도 이상이 되면, 2시간마다 최소 15분의 휴식 시간을 보장해야 한다는 조항이 포함돼 있습니다. 또한 고용주는 온열 질환 징후를 실시간으로 점검하고, 필요할 경우 즉각적인 보호 조치를 취해야 할 의무도 생겼습니다.

사실 지금까지는 대부분의 산업현장에서 폭염을 '기후 리스크'로 인식하지 않았던 게 현실이었는데요. 이번 조치는 기후위기 대응이 단순히 환경부서의 과제가 아니라, 노동 정책과 건강 안전까지 포괄하는 전 사회적 과제임을 보여 주는 대표적인 사례라고 할 수 있습니다.

이와 비슷하게 EU도 '폭염 대응 행동지침' 마련을 준비 중이고, 호주와 캐나다, 일본 등도 기후변화에 따른 노동·보건 문제를 정책 의제화하고 있습니다. 즉, 기후위기가 더 이상 먼 미래의 일이 아니라, 오늘의 근로 조건과 경제 현장에 직접 영향을 미치고 있다는 것을 각국이 인식하고 적극 대응에 나서고 있다는 것이죠.

5) 그런데 이런 정책들, 결국 미국 대선 결과에 따라 크게 좌우되지 않나요?

맞습니다. 기후 정책은 정치적 방향성에 따라 크게 달라질 수 있는 대표적인 영역인데요. 앞서 말씀드린 폭염 대응 노동자 보호 규칙안도 아직 최종 확정된 건 아닙니다. 현재는 미국 연방 정부 차원에서 행정 절차를 밟고 있는 중이고요, 의견 수렴과 검토 과정을 포함하면 실제 시행까지는 1년 이상 걸릴 수 있습니다.

문제는 2024년 11월 미국 대선 결과인데요. 만약 트럼프 전 대통령이 당선된다면(실제 2024년 11월 6일 트럼프 전 대통령이 미국의 제47대 대통령으로 당선됐다) 지금 추진 중인 이 정책들은 철회될 가능성이 매우 높다는 게 중론입니다. 실제로 공화당이 주도하고 있는 일부 주(州)에서는 고용주가 폭염 속에서도 식수나 휴식 공간을 제공하지 않아도 된다는 법안이 이미 통과되기도 했습니다.

이런 조치는 노동자 안전보다 기업의 자율성과 비용 절감을 우선시하는 흐름이라고 볼 수 있고요. 이처럼 지금 미국에서는 기후위기에 적극 대응하려는 연방 정부와, 규제에 소극적인 일부 주정부 간의 갈등이 점점 심화되고 있는 상황입니다. 정책의 일관성이 깨질 경우, 노동자와 시민들의 생명·건강이 위험에 처할 수 있다는 우려도 커지고 있고요.

결국, 기후 정책은 정치와 연결되어 있고, 이번 미국 대선 결과는 단지 미국뿐 아니라 전 세계 기후 대응의 방향성을 좌우할 수 있는 중대한 변수가 될 수 있습니다.

6) 이제 기후변화가 선거와 정당의 정책에도 영향을 주고 있는 것 같아요. 실제로 그런 흐름이 있나요?

그렇습니다. 기후 정책은 더 이상 환경 전문가들만의 의제가 아니라, 이제는 국가의 정체성과 미래 전략을 결정짓는 핵심 정치 의제로 자리 잡고 있습니다. 최근 한국환경연구원이 실시한 국민 여론조사 결과를 보면, 응답자의 63.9%가 '기후변화'를 가장 심각한 환경 문제로 인식하고 있다고 답했는데요. 이 수치는 해당 질문이 처음 도입된 2021년 이후 처음으로 1위를 차지한 결과입니다. 즉, 기후위기에 대한 국민 인식이 명확히 달라지고 있다는 뜻이고요. 기후변화가 경제, 복지, 산업, 일자리 등 모든 정책 분야에 영향을 미치다 보니, 정당들도 이제 기후공약을 앞다투어 내놓고 있고, 유권자들도 기후 감수성을 기준으로 정치인을 선택하는 시대가 된 것입니다.

기후위기는 단지 환경 문제가 아니라, 국가 경쟁력, 시민 삶의 질, 세대

간 정의를 가르는 핵심 가치로 작동하고 있고요. 그만큼 앞으로의 선거에서는 기후 정책을 둘러싼 정당 간 차이와 방향성이 더욱 중요해질 것으로 보입니다.

7) 기후위기 교육도 점점 더 중요해지고 있는데, '기후 수능시험'이라는 게 생긴다고요?

네, 정말 흥미로운 소식입니다. 2024년 8월 31일, 환경재단 어린이환경센터에서 국내 최초로 '제1회 기후 수학능력시험', 일명 '기후 수능'을 개최합니다. 이 시험은 단순한 지식 평가가 아니라, 기후위기 시대를 살아갈 청소년들이 꼭 알아야 할 기후 과학, 환경 정책, 탄소중립 등 다양한 주제를 다루는 종합적인 경연대회인데요. 만 14세부터 19세까지의 청소년을 대상으로 온라인 사전 퀴즈를 통해 100명을 선발하고, 우수자에게는 '기후 장학금'도 수여할 예정입니다.

이런 시도는 사실 국제적으로도 확산되고 있는 흐름이에요. 스웨덴, 이탈리아, 콜롬비아 등은 이미 기후교육을 정규 교과 과정에 포함시켰고요. UNESCO도 2023년부터 '모든 학교에 기후교육을'이라는 캠페인을 본격적으로 추진하고 있습니다.

우리나라에서도 이제 기후위기가 생활과 시험, 진로, 미래 선택까지 영향을 미치고 있다는 사실을 보여 주는 사례죠. 기후 문제는 어른들만의 과제가 아니라, 미래세대가 중심이 되어야 할 문제이기도 합니다. 이런 흐름을 보면, 머지않아 정식 교과 과정에 '기후과목'이 생기거나, 수능이나 내신 시험에도 기후 관련 문제가 출제되는 날이 올지도 모르겠습니다.

8) 지역에서도 시민 실천 캠페인이 활발하게 진행 중이죠?

네, 전북 진안군에서도 좋은 사례가 있습니다. 최근 '건강한 사람, 건강한 지구'를 위한 건강걷기 챌린지가 진행 중인데요. 참가자들은 스마트폰 앱으로 걸음 수를 기록하고, 함께 목표를 설정해 기후와 건강을 동시에 챙기는 실천 활동을 하고 있습니다. 진안군민은 물론, 진안에 직장을 둔 분들도 참여할 수 있고요. 이런 생활 속 기후행동이야말로 지속가능한 도시를 만드는 데 중요한 첫걸음이겠죠.

9) 기후위기는 전 지구적인 이슈지만, 결국 지역 단위의 대응이 핵심이라는 생각이 드네요. 마무리 말씀 부탁드립니다.

네, 맞습니다. 기후위기는 기상 현상처럼 보이지만, 실은 사회 구조, 행정 체계, 경제 시스템 전반을 바꾸는 문제입니다. 그래서 단순히 '국가 단위'의 정책만으로는 해결이 어렵고, 지역 단위의 기후 대응력, 즉 지방정부의 실천력이 무엇보다 중요해지고 있습니다.

예를 들어, 미국과 멕시코 간의 물 분쟁처럼 기후위기는 국경을 넘는 자원 갈등을 야기하기도 하고요, 도시와 농촌, 해안과 내륙 등 각 지역의 기후 특성이 다르기 때문에 지역 맞춤형 전략이 반드시 필요합니다.

앞으로는 행정 구역도 기후 현실에 맞춰 새롭게 설계될 수 있고, 기후회복력 기반의 도시 재정비와 지역 간 자원 공유 체계도 함께 고려돼야 합니다. 예방 중심의 기후재난 대응 체계도 시급하고요. 결국, 기후에 강한 지역이 국가를 지탱합니다.

그리고 지속가능한 사회로의 전환은 마을에서부터 시작됩니다. 청취자 여러분, 기후위기는 멀리 있는 문제가 아니라, 당장 내가 사는 동네, 우리 가족, 내 일터와 연결된 현실입니다. 지방정부를 믿고 맡기기보다는, 주민으로서 우리가 함께 참여하고 감시하며, 지역의 기후 전환을 함께 만들어 가는 것. 그것이 진짜 기후 민주주의이자, 지속가능한 삶의 출발점일 것입니다.

32.
이제는 그린스완(Green Swan)의 시대:
1.5도, 그 작은 숫자가 의미하는 거대한 선택

1.5도 상승, 이는 단순한 수치가 아닙니다. 예측 불가한 파국과 기후 금융위기의 도화선, 바로 '그린스완'입니다.

1) 오늘은 어떤 이야기를 해 볼까요?

네, 요즘 뉴스에서 기후변화 이야기를 많이 접하셨을 텐데요. 특히 여름철 집중호우로 인한 도로 침수, 반복되는 도심 재해가 점점 심각해지고 있습니다. 2023년 7월 16일 충북 오송에서 있었던 지하차도 참사 기억하시죠? 그 사고로 14분이 안타깝게 목숨을 잃었는데요. 이런 비극을 막기 위해서 2024년 7월부터는 내비게이션에서도 홍수 위험 지역을 실시간으로 안내하는 서비스가 시작됐습니다.

한편, 기후변화는 농업에도 큰 영향을 주고 있는데요. 사과나 복숭아, 감귤 같은 과일의 재배지가 점점 북쪽으로 올라가고 있고, 봄철 저온 피해도 매년 반복되고 있어요. 특히 2023년 사과 꽃 개화기가 예년보다 2주 일찍 피면서 저온 피해가 컸고, 그 여파로 사과 가격이 전년 대비 88% 이상 올랐습니다.

2) 요즘 기후위기 대응에 나서는 스타들도 많은데요. 배우 이승기 씨도 활동 중이라고요?

맞습니다. 이승기 씨는 대한적십자사에서 기후위기 복원력 홍보대사로 활동하고 있는데요. 얼마 전 서울에서 열린 '도시협력플랫폼 국제회의'에 참석해서, '도시의 기후복원력을 함께 만들어 가자'는 주제로 발표도 했습니다. 2023년 9월 홍보대사로 임명된 후 그는 일상 속에서 실천할 수 있는 기후행동, 예를 들어, 불필요한 불을 끄거나, 플러그를 뽑는 것 같은 작은 행동을 꾸준히 이어 가고 있다고 밝혔어요.

이런 일상의 변화가 모이면 정말 큰 파급 효과를 만들 수 있거든요. 참고로 국제적십자사는 2050년까지 전 세계 50개 도시가 기후변화에 적응할 수 있는 복원력 체계를 갖추고, 2억 5000만 명을 폭염으로부터 보호하겠다는 목표를 세운 바 있습니다.

3) 그런데 2억 5000만 명이 폭염으로 위험하다니, 이게 사실인가요?

네, 놀라운 수치죠. 하지만 실제로는 훨씬 더 심각할 수도 있습니다. 세계기상기구(WMO)에 따르면, 1970년부터 2021년까지 전 세계에서 1만 2000건 이상의 기후 관련 재해가 발생했고, 그로 인해 200만 명 이상이 목숨을 잃었습니다. 그중 90%는 개발도상국에서 발생했다고 해요. 경제적 피해도 어마어마한데요. 4조 2000억 달러, 우리 돈으로는 약 5590조 원에 이릅니다. 특히 폭염은 눈에 잘 보이지 않아 대처가 어려운데, 실제로 유럽에서는 2022년 한 해 동안 6만 명 이상이 폭염으로 목숨을 잃었다는 분

그린스완의 시대

석도 있습니다.

4) 예전에 5-10년에 한 번 변화가 느껴졌다면, 요즘은 매년 기후가 달라지는 걸 체감하거든요?

정말 그렇습니다. 이제는 기후위기가 곧 경제 위기, 생존 위기라는 말이 절대 과장이 아니에요. 사실 탄소를 줄이겠다고 국제사회가 약속도 했고, 파리기후협약도 체결했죠. 하지만 문제는 이행이 잘 안 되고 있다는 겁니다.

예를 들어, 2024년 11월 미국 대선에서 트럼프 후보는 1.5도 목표를 포기하고 파리협약을 탈퇴하겠다고 공언했었습니다(실제로 2025년 1월 20일 취임 이후 그랬습니다). 이처럼 국제사회의 약속이 흔들리면, 지구의 미래도 불투명해지는 거죠. 2024년 세계경제포럼(WEF)에서도 올해 인류가 맞이할 가장 큰 위협으로 극심한 이상기후를 꼽았을 정도입니다. 이런 상황을 두고 요즘은 '그린스완(Green Swan)'의 시대라고도 부릅니다.

5) 그린스완, 처음 듣는 말인데요. 무슨 뜻인가요?

네, 아주 흥미롭고 요즘 특히 주목받는 개념입니다.

'그린스완(Green Swan)'은 기후변화로 인해 발생할 수 있는 돌발적이고 예측 불가능한 경제 위기를 뜻하는 말인데요. 원래 '블랙스완(Black Swan)'이라는 개념이 있죠? 아주 드물지만 발생하면 엄청난 충격을 주는 사건을 말합니다. 예를 들면 2008년 글로벌 금융위기 같은 사건이죠.

그린스완은 여기에 기후위기의 특성이 더해진 개념입니다. 단순한 자연재해가 아니라, 기후변화, 금융 시스템, 무역 질서, 에너지 시장 전체를 붕괴시킬 수도 있다는 점에서 더 자주, 더 심각하게 발생할 수 있는 구조적 리스크라는 의미예요.

이 개념은 2020년 국제결제은행(BIS)이 발표한 보고서에서 공식적으로 처음 등장했는데요. 보고서 제목도 'The Green Swan: Central banking and financial stability in the age of climate change'였습니다. 쉽게 말해, 중앙은행과 금융당국이 이제는 기후변화라는 전혀 다른 종류의 위기에 대비해야 한다는 경고를 던진 것이죠.

기후위기는 예측이 어렵고 복잡하게 얽혀 있어서, 위험을 모델링하거나 보험을 설계하기도 어렵습니다. 그렇기 때문에 전통적인 금융 리스크 관리 방식으로는 대응이 어렵고, 새로운 규범과 시스템이 필요하다는 목소리가 높아지고 있는 배경입니다.

예를 들어서, 극단적인 폭염이나 가뭄으로 식량 가격이 급등하면 경제 전반에 인플레이션 충격이 오고, 이는 곧 사회 불안, 금융시장 혼란으로 이어질 수 있습니다. 단일 사건이 아닌 연쇄적인 파국이 이어질 수 있다는 점에서, 그린스완은 단순한 환경 리스크를 넘어선 전 지구적 시스템 위기로 이해되고 있습니다.

6) 요즘 날씨, 너무 변덕스럽고 예측이 안 되던데요. 이 모든 게 기후변화 때문인가요?

네, 맞습니다. 기후변화의 근본 원인은 인간이 배출한 온실가스에 있어요. 그래서 2015년에 체결된 파리기후협약에서는 지구 평균 기온 상승을 1.5도 이하로 억제하자는 목표를 세운 겁니다. 지구 평균 기온 상승을 산업화 이전 대비 2도보다 상당히 낮은 수준으로 유지하고 1.5도로 제한하기 위해서 마련된 협약입니다. 그래서 가끔 기후위기를 다룬 책이나 영화, 뉴스 등에서 인용하는 '1.5도'가 바로 여기서 나온 겁니다. 이건 단순한 기온이 아니라 인류의 생존을 지키는 마지막 선이라고 생각하시면 됩니다. 이걸 넘어서면 산호초가 거의 사라지고, 농작물 수확이 급감하고, 극한 기후가 상시화될 거라는 게 과학자들의 예측이에요.

7) 우리나라도 기후위기에 대응하는 정책이 있죠?

네, 그렇습니다. 한국도 국제사회의 일원으로서 기후위기 대응에 적극적으로 나서고 있습니다. 2030년까지 2018년 대비 온실가스 배출량을 40% 감축하고, 2050년까지 탄소중립을 달성하겠다는 공식적인 목표를 세운 상태입니다. 이른바 '2050 탄소중립 시나리오'는 에너지 전환, 산업 구조 혁신, 수송·건물의 효율 향상 등을 포함한 광범위한 국가 전략인데요. 이러한 목표는 파리기후협정의 1.5도 상승 억제 목표를 이행하기 위한 국가적 약속이기도 하죠.

하지만 현실은 생각만큼 쉽지 않습니다. 2023년 스위스에서 열린 IPCC(기후변화에 관한 정부 간 협의체) 총회에서 발표된 최종 보고서를 보면, 지금 전 세계가 추진하고 있는 감축 정책으로는 2040년 이전에 지구 평균 기온이 산업화 이전 대비 1.5도를 초과할 가능성이 크다고 경고했습니다. 게다가 현재 추세대로 온실가스가 계속 배출되면, 2100년까지 평균 기온이 최대 3.2도까지 오를 수 있다는 과학적 분석도 나왔습니다. 이렇게 되면 우리가 기대했던 파리협정의 목표, 즉 1.5도 제한이라는 지구 생존의 마지노선이 무너지는 상황이 되는 거죠.

그래서 한국도 지금보다 훨씬 더 과감하고 실효성 있는 정책이 필요합니다. 예를 들어, 석탄발전소 조기 폐쇄, 기후예산 확대, 지방정부와 기업의 탄소 감축 책임 강화, 그리고 시민들의 참여를 유도할 수 있는 기후 행동 인센티브 정책 같은 것들이 함께 가야 한다는 목소리가 커지고 있습니다.

8) RE100이라는 말도 자주 들리던데요. 이게 뭔가요?

네, RE100은 요즘 기업들이 ESG 경영의 핵심으로 삼고 있는 개념인데요. 'Renewable Energy 100%'의 줄임말로, 기업이 사용하는 전력을 100% 재생에너지로 전환하겠다는 글로벌 캠페인입니다. 구글, 애플, BMW 같은 글로벌 대기업들이 이미 참여했고요. 이 기업들은 공급망에서도 같은 기준을 요구하면서, 우리나라 기업들에게도 큰 영향을 미치고 있어요. 그래서 한국 대선 토론에서도 RE100이 화제가 됐고, 'RE100이 뭐냐'는 질문에 어떤 후보가 제대로 답하지 못해 화제가 되기도 했죠.

9) 이런 심각한 상황에서, 우리는 무엇을 할 수 있을까요?

UN 기후변화협약(UNFCCC, UN Frameworks Convention on Climate Change) 사무총장인 사이먼 스티엘은 "우리가 세상을 구할 수 있는 시간은 이제 단 2년밖에 남지 않았다." 이렇게 말했어요. 그렇다면 누가 세상을 구할 수 있을까요? 바로 우리 모두입니다. 정부나 기업도 중요하지만, 시민 한 사람 한 사람의 참여가 정말 절실합니다. 가까운 예로는 전기를 아껴 쓰고, 대중교통을 이용하고, 채식을 늘리고, 일회용품을 줄이는 것만으로도 우리는 1.5도 목표 달성에 기여할 수 있습니다. 중요한 건 일회성이 아닌, 꾸준한 실천입니다. 우리의 행동이 지구를 바꿉니다.

33.
민주주의는 기후를 지켰고,
기후는 민주주의를 시험했다

시민의 힘이 기후 정책을 움직였습니다. 동시에 기후위기는 민주주의의 탄력성을 시험하고 있습니다. 두 개의 위기, 두 개의 희망.

1) 지난 2024년 12월 3일 비상계엄 상황에서 날씨가 계엄군 헬기 착륙을 지연시켰다는 얘기가 있던데요. 만약 사실이라면, 기후가 민주주의를 지킨 셈 아닌가요?

맞습니다. 다소 우연적인 일이긴 하지만, 실제로 그날 풍속이 초속 10m를 넘고 가시거리는 1km 이하였다는 기상청 자료가 있습니다. 군 관계자들도 훈련 상황이라면 헬기 출동이 취소되는 수준이었다고 말하거든요. 결과적으로 기후가 빠른 계엄 해제를 돕는 변수로 작용한 셈인데요. 기후가 민주주의를 위협하기도 하지만, 이번처럼 보호하는 사례도 있다는 점이 인상적입니다.

2) 역사적으로도 기후와 민주주의는 관련이 있었다고요?

네, 대표적인 사례가 1789년 프랑스 혁명입니다. 당시 아이슬란드에서 발생한 라키 화산 폭발로 유럽 전역에 기상이변이 발생했고, 프랑스는 극심한 가뭄과 빵 가격 급등으로 사회 불안이 증폭되었죠. 오늘날에도 기후변화가 시민들의 행동을 촉진하고 있습니다. 글로벌 기후파업이나 청년 기후운동처럼 말이죠.

3) 2024년은 기후변화 정책에서도 굵직한 변화가 있었죠?

맞습니다. 가장 큰 사건은 UN 기후변화협약당사국총회 COP29입니다. 11월 아제르바이잔 바쿠에서 열렸고요. 선진국들이 연간 3000억 달러(한화 약 400조 원)를 기후 재정으로 조성하기로 합의했습니다. 2035년까지 총 1조 3000억 달러를 목표로 하고 있고요. 개발도상국과 저소득국의 기후 적응과 피해 복구를 지원하자는 취지입니다.

4) 하지만 그 금액이 부족하다는 지적도 있었죠?

맞습니다. 선진국들이 낼 3000억 달러 외에도 나머지는 민간 투자까지 끌어내자는 안인데요. 많은 개도국은 "우리가 빚을 지는 구조다"라며 우려했습니다. 특히 태평양 섬나라들은 이미 해수면 상승으로 생존이 위협받고 있는데, 책임 있는 감축과 보상이 필요하다는 입장입니다.

5) 그런 맥락에서 국제사법재판소의 기후재판이 열린 거군요?

네, 지난 12월 2일부터 13일까지 네덜란드 헤이그에서 열린 ICJ 재판은 역사상 최대 규모의 기후재판입니다. 99개국과 12개 국제기구가 출석했어요. '바누아투' 같은 작은 섬나라들과 청년단체가 주도했고, 핵심은 이겁니다. 국가는 기후를 보호할 법적 의무가 있는가? 이를 지키지 않았을 때 법적 결과는 무엇인가? 이 자문 의견은 강제력은 없지만, UN 기구와 각국의 기후 소송에 중요한 기준이 됩니다.

6) 우리나라도 관련해 중요한 판결이 있었죠?

맞습니다. 2024년 8월 헌법재판소는 "정부의 온실가스 감축 목표 부족은 미래세대의 헌법적 권리 침해"라고 판결했습니다. 아시아 최초의 기후소송에서 시민들이 이긴 것이고요. 이 판결은 다른 아시아 국가의 기후소송에도 큰 영향을 줄 것입니다.

7) 2025년엔 어떤 기후 정책 변화들이 예상되나요?

네, 여러 가지가 있는데요. 유럽연합(EU)은 자동차 CO_2 배출량을 2021년 대비 15% 감축 의무화를 추진할 예정이고요. 호주는 신차에 'Euro 6D' 배출기준 도입하려고 합니다. 대만 역시 연 2.5만 톤 이상 CO_2 배출 기업에 탄소세를 부과할 예정이고요. 싱가포르도 디젤 차량 신규 등록 중단을 예고하고 있습니다. 미국 트럼프 행정부의 "Project 2025"는 환경 규제 철폐와 IRA 폐지를 추진해 국제 흐름과 충돌 가능성이 있습니다.

그린스완의 시대

8) 정부와 기업은 어떻게 대응해야 할까요?

핵심은 ESG 대응을 의무로 인식하는 것입니다. 정부는 글로벌 기준에 맞춰 ESG 공시제도와 기후 정보 공개 가이드라인을 마련하고, 기업은 공급망 전반에 ESG를 내재화해야 합니다. 특히 중소기업과 협력사도 포함해서요. 탄소중립을 위한 재생에너지 전환, ESG 투자보고서의 투명성 강화도 필수입니다. 2025년은 단순한 정책 전환이 아니라, 국가 경쟁력과 연결된 기후 전환 원년이 될 것입니다.

9) 오늘 핵심 메시지를 정리해 주신다면요?

네. 기후는 이제 날씨 문제가 아닙니다. 민주주의, 국제법, 무역, 생존의 문제입니다. 2025년, 한국은 글로벌 기후 리더십을 보여 주어야 할 시간입니다. 기후가 민주주의를 지켰듯이, 이제 우리는 기후를 지켜야 합니다.

34.
이제 말이 아닌 실천이다:
ESG, 약속을 행동으로

이제는 'ESG'라는 단어가 아닌, '실천'이라는 문장이 필요합니다. 정책, 기업, 시민이 하나 되어야 이 위기를 넘을 수 있습니다.

1) 먼저, 지난 1년 이상 ESG, 지속가능성, 기후변화를 주제로 다양한 이야기를 나눠 주셨습니다. 방송을 마무리하는 시점에서 소감을 한 말씀 부탁드립니다.

약 1년 6개월 동안 ESG와 기후변화, 그리고 지속가능한 사회에 대해 청취자 여러분과 함께 고민하고, 나눌 수 있어서 정말 뜻깊은 시간이었습니다. 처음 방송을 시작했을 땐 ESG가 일부 기업의 '선택'처럼 보였지만, 이제는 분명한 '시대의 흐름'이자 '공통된 과제'가 되었다고 생각합니다. 이과정을 통해 저도 많이 배우고, 더 깊이 고민할 수 있었고요. 여러분과 함께한 이 여정이 곧 우리 사회에 긍정적인 영향을 만들어 가는 작은 물결이 되었기를 바랍니다.

2) 방송을 통해 다룬 ESG와 기후변화 관련 가장 기억에 남는 이슈가 있

다면 무엇인가요?

몇 가지 인상 깊은 사례가 있었는데요. 먼저, '기후로 인해 계엄이 좌절된 사례'처럼 기후변화가 정치·안보 영역에도 영향을 줄 수 있다는 점을 떠올리게 했습니다. 두 번째는 기후플레이션이었습니다. 실제로 2023년 국제연합식량농업기구(FAO)는 이상기후로 인해 전 세계 곡물 생산량이 감소하면서 식량 가격 지수가 1년 새 18% 이상 상승했다고 발표했습니다. 마지막으로 항공기 사고의 기상 요인이 주목받는 현실을 보며, 기후 위기가 얼마나 넓은 영역에 영향을 미치는지를 실감했습니다.

3) ESG 실천의 핵심 요소는 무엇일까요?

핵심은 세 가지입니다. 첫째, 기업의 투명성입니다. ESG 정보 공시가 형식적이어선 안 되고, 실제 데이터를 기반으로 한 책임경영이 필요합니다. 둘째, 정부의 일관된 정책과 지원입니다. 기업이 중장기적으로 ESG에 투자할 수 있는 제도적 신뢰가 뒷받침되어야 하고요. 셋째는 개인의 참여입니다. 소비자는 ESG 기준에 맞는 제품을 선택하고, 시민은 정책에 참여함으로써 사회 전반의 변화를 이끌 수 있습니다.

4) 최근 ESG 관련해서 가장 주목할 만한 트렌드는 무엇인가요?

최근 주목할 트렌드는 Scope 3 탄소배출 관리 강화입니다. 이는 기업이 자신뿐 아니라 공급망 전반의 배출까지 관리해야 한다는 것으로, 앞으로

ESG의 핵심 지표가 될 전망입니다. 그리고 ESG 데이터를 AI와 플랫폼으로 통합 관리하는 기술이 확산되고 있습니다. 마지막으로 녹색금융 활성화인데요. 글로벌 ESG 투자 규모는 2023년 기준 약 40조 달러에 달했으며, ESG 등급이 좋은 기업일수록 장기적인 투자 유치에 유리하다는 인식이 확산되고 있습니다.

5) ESG가 앞으로 더욱 발전하기 위해 필요한 변화는 무엇일까요?

무엇보다 '진정성'이 중요합니다. 그린워싱을 방지하려면 실효성 있는 규제와 감시체계가 있어야 하고요. 중소기업을 위한 ESG 컨설팅, 교육, 자금지원 확대도 필수적입니다. ESG는 일부 대기업의 전유물이 아니라, 사회 전체가 실천해야 하는 가치이기 때문입니다.

6) 개인적으로 향후 ESG 활동 계획은 무엇인가요?

지금 저는 ESG 통합 플랫폼 개발을 진행하고 있고요. 기업들이 데이터를 보다 쉽게 수집하고, 이해관계자와 소통할 수 있도록 돕는 시스템을 만들 계획입니다. 그리고 시민 교육 콘텐츠, 특히 어린이와 청소년을 위한 ESG 만화와 체험형 자료를 개발하고 있습니다. 기후위기 시대를 살아갈 다음 세대가 ESG의 가치를 자연스럽게 체득할 수 있도록 돕는 것이 저의 중요한 목표입니다.

7) 방송 중 가장 안타까웠던 점이 있다면요?

사회적으로 ESG에 대한 관심은 높았지만, 현장 변화의 속도는 생각보다 느렸다는 점이 아쉽습니다. 특히 그린워싱 사례들을 보며, ESG가 단순히 이미지 관리 수단으로 오해되고 있는 현실이 안타까웠습니다. ESG는 홍보가 아니라 '실행'이 되어야 한다는 사실을 더 많은 분들이 인식해 주셨으면 합니다.

8) 방송을 통해 얻은 가장 큰 교훈이 있다면요?

'작은 실천이 큰 변화를 만든다'는 믿음을 다시 한번 확인하게 되었습니다. 거창한 정책이나 기업 전략도 중요하지만, 한 사람의 올바른 소비, 한 번의 정책 참여, 그리고 한 명의 시민이 ESG의 가치를 전파하는 일도 큰 파장을 낼 수 있다는 걸 느꼈습니다.

9) 청취자들에게 전하고 싶은 메시지가 있다면요?

ESG와 지속가능성은 단지 환경 보호를 위한 도덕적 선택이 아니라, 우리 사회의 지속가능성을 확보하는 생존 전략입니다. 탄소중립, 사회적 책임, 투명한 지배 구조는 모두 연결된 과제입니다. 더 이상 '언젠가 해야 할 일'이 아니라 '지금 해야 할 일'입니다. 각자의 자리에서 한 걸음씩 실천해 주시길 바랍니다.

10) 마지막으로 한 말씀 부탁드립니다.

그동안 함께해 주신 청취자 여러분 진심으로 감사드립니다. ESG는 '행동하는 지식'입니다. 이 방송을 통해 얻은 영감과 정보가 여러분의 생활 속 실천으로 이어진다면, 우리는 분명 더 나은 세상을 만들 수 있을 겁니다. 기후위기를 넘고, 지속가능한 미래로 나아가는 이 길에 함께 걸어 주시기를 진심으로 바랍니다.

에필로그

"기후는 단순한 자연 현상이 아니라, 모든 것을 바꾸는 힘이다"

지금 우리가 사는 세상은 더 이상 과거의 연장선이 아닙니다. 눈에 보이지 않는 온도의 변화가 국경을 바꾸고, 법률을 흔들고, 식탁과 일상, 산업의 판도까지 바꾸고 있습니다. 기후는 단지 '환경'의 문제가 아니라, '삶'의 전면적 재구성을 요구하는 신호입니다.

이 책은 그런 기후의 힘을 따라가며 '변화의 지도'를 그려 보았습니다. 세계의 법정에서, 올림픽 무대에서, 가정의 부엌에서, 그리고 경제의 심장에서 우리는 매일 기후의 흔적을 보고, 듣고, 느끼고 있습니다.

이제 질문은 단순합니다. "그 변화 앞에 우리는 무엇을 할 것인가?"

기후위기는 선택의 문제가 아닙니다. 대응하지 않으면 생존이 흔들리고, 잘 대응하면 기회가 됩니다. 지금 우리가 해야 할 일은 '실천'입니다. 작더라도 지속가능한 행동을 이어 가는 것, 그것이 새로운 미래의 출발입니다.

생활 속 10가지 기후행동으로 작지만 의미 있는 변화, 이제 우리가 실천할 차례입니다.

먼저, 지구 평균 기온 상승 1.5도를 넘지 않기 위한 노력은 모든 기후행동의 출발점입니다. 하루에 한 번, 기후와 환경에 대한 뉴스를 읽는 것만으로도 우리는 세상의 흐름을 이해하고 행동의 방향을 잡을 수 있습니다.

둘째, 재생에너지 선택은 더 이상 특별한 선택이 아닙니다. '녹색요금제'에 가입하거나 지역 공동 태양광 발전 프로젝트에 참여하는 일은, 기후를 지키는 실질적인 행동입니다.

셋째, 플라스틱을 줄이는 삶도 중요합니다. 일회용기 대신 다회용기를 사용하고, 장을 볼 때 장바구니를 챙기는 작은 습관이 플라스틱 폐기물을 획기적으로 줄입니다.

넷째, 돈의 흐름을 바꾸는 기후금융도 행동입니다. 녹색채권이나 ESG 금융상품에 투자하거나, 친환경 경영을 실천하는 금융기관과 거래를 시작해 보세요.

다섯째, 기후 정책에 참여하는 시민의 목소리도 강력한 힘입니다. 탄소세 도입이나 녹색조세 확대 같은 정책에 서명하거나, 의견을 내는 것은 민주주의 안에서 기후정의를 실현하는 중요한 참여입니다.

여섯째, 육식 줄이기도 기후행동입니다. 가축 사육은 전 세계 온실가스 배출의 약 15%를 차지합니다. 일주일에 한 번이라도 채식을 실천하면, 지구에도 몸에도 건강한 변화를 만들 수 있습니다.

일곱째, 기후교육은 실천의 첫걸음입니다. 기후위기에 대해 자녀에게 이야기하고, 가족이나 친구들과 함께 기후 관련 책을 읽는 시간은 곧 기후위기 극복의 씨앗이 됩니다.

여덟째, 기후와 소비를 연결하는 안목도 필요합니다. 물건을 구매할 때 '탄소 발자국', 'RE100 참여 여부' 등을 확인하고, 지속가능한 브랜드를 선택해 보세요. 소비가 곧 투표가 되는 시대입니다.

아홉째, 이동 수단의 전환도 큰 영향을 미칩니다. 자전거, 걷기, 대중교통을 이용하고, 전기차나 수소차 전환을 고려하는 것 자체가 기후를 위한 발걸음이 됩니다.

마지막으로, 기후에 대해 말하기를 실천해 보세요. 친구들과의 대화, SNS 글, 지역 모임에서의 이야기 속에 '기후'라는 단어 하나를 심는 것이, 더 많은 사람의 실천을 이끌어 낼 수 있습니다.

이 10가지 기후행동은 거창한 계획이 아닙니다. 우리의 일상 속 선택과 실천 하나하나가, 기후위기를 넘는 가장 강력한 힘이 될 수 있습니다. 지금 시작해 보세요. 기후위기는 행동으로 바뀔 수 있습니다. 그리고 그 행동은 바로 우리에게서 시작됩니다.

다음은 독자들이 기후위기 대응과 ESG 실천을 '나만의 약속'으로 구체화할 수 있도록 구성한 《기후 카르타(Climate Carta)》입니다. 선언문 형식과 함께 자율적 실천 항목이 포함되어 있어 청소년, 시민, 직장인 교육 모두에 활용할 수 있습니다.

《기후 카르타(Climate Carta)》
- 지속가능한 지구를 위한 나의 ESG 행동헌장 선언문 -

나는 기후위기가 더 이상 미래의 이야기가 아니라, 지금 여기의 문제임을 분명히 인식합니다. 나는 오늘, 한 사람의 시민으로서 지속가능한 지구와 사회를 위한 책임과 행동을 다짐합니다. 내가 지닌 소비의 힘, 말의 힘, 선택의 힘이 변화를 이끌 수 있음을 믿으며, 기후정의와 ESG 실천을 위한 나만의 약속을 이 헌장에 담습니다.

1. 환경(E) 실천 항목: "지구의 건강을 위한 나의 약속"

□ 하루 한 번 기후 관련 뉴스를 읽고, 주변과 공유하겠습니다.
□ 가능하면 채식 또는 로컬푸드를 선택하고, 음식물 쓰레기를 줄이겠습니다.
□ 일회용품보다 다회용기, 장바구니를 사용하겠습니다.
□ 대중교통·자전거·걷기 등 친환경 이동을 우선 선택하겠습니다.
□ '녹색요금제' 가입, 재생에너지 전환을 위한 정책을 지지하겠습니다.

2. 사회(S) 실천 항목: "공정하고 안전한 사회를 위한 나의 실천"

□ 취약계층의 기후 피해에 공감하고, 기후복지 정책을 지지하겠습니다.
□ 공정무역, 동물복지, 윤리적 소비 제품을 선택하겠습니다.
□ 기후 관련 시민 캠페인, 지역 행동에 자발적으로 참여하겠습니다.

□ 온라인·오프라인에서 기후혐오 발언에 반대하고, 기후정의 가치를 알리겠습니다.

□ 청소년과 가족에게 기후교육을 공유하고 함께 실천하겠습니다.

3. 지배구조(G) 실천 항목: "투명하고 책임 있는 사회를 위한 선택"

□ ESG를 실천하는 기업·기관의 제품이나 서비스를 우선 이용하겠습니다.

□ 탄소세, 녹색조세 등 기후 정책 관련 청원·정책 제안에 참여하겠습니다.

□ '탄소 발자국 표시', 'RE100', 'ESG 공시' 등을 확인하며 구매하겠습니다.

□ SNS, 커뮤니티, 학교·직장에서 기후에 대한 목소리를 내겠습니다.

□ 정기적으로 나의 행동을 되돌아보며, 실천 항목을 점검하겠습니다.

그린스완의 시대

기후위기와 정치, 경제, 삶의 전환을 말하다

ⓒ 지용승, 2025

초판 1쇄 발행 2025년 9월 12일

지은이	지용승
펴낸이	이기봉
편집	좋은땅 편집팀
펴낸곳	도서출판 좋은땅
주소	서울특별시 마포구 양화로12길 26 지월드빌딩 (서교동 395-7)
전화	02)374-8616~7
팩스	02)374-8614
이메일	gworldbook@naver.com
홈페이지	www.g-world.co.kr

ISBN   979-11-388-4701-8 (03300)